まずは上司を勝たせなさい

20代で上昇気流に乗れる本

室舘 勲
キャリアコンサルティング
代表取締役社長

講談社

◎「BEST」受講者の声

BESTとは、この本の著者である室舘勲が率いる株式会社キャリアコンサルティングの教育事業部門の総称。主に20代に向けた1年間計24回の講義プログラム「人間力養成コース」や、各界の著名人の講演「しがくセミナー」といったメニューがある。

「他の20代と差がつきます」

将来の夢から仕事まで、なんでも相談しアドバイスをいただいています。その結果、仕事もうまくいき、今回は賞与もアップしました！　本当に感謝しています。BESTに入会すれば他の20代と差がつくこと間違いなし！

須藤さやかさん

「夢に向かって頑張ろうという気持ちに変わります」

BESTは、心の底に眠っていた夢を引き出してくれました。私は平凡に社会人生活を送っていました。BESTに入会する前に「大きな夢はありますか？」と聞かれ、私は諦めていた夢を思い出し、その大きな夢のことを答えました。私には無理だから……と夢から逃げ、何も努力しないでいましたが、BESTのおかげで夢に向かって頑張ろうという気持ちに変わりました。それから2年以上たった今、夢はさらに大きくなり、少しずつですが、ゴールに近づいています。

吉川友香さん

「異性からも同性からもモテるようになります」

人生で「勝っていく」基準がわかりました。異性からだけでなく、同性からもモテるようになりました。

横森弘充さん

「夢を見つけられます」

私がBESTに入ったのは、就職活動にいきづまって、悩んでいる時でした。面接試験にことごとく不合格。自分が何をしたいのかも見失っていた時期です。しかしBESTに出会い、一緒に夢を語れる仲間を見つけ、研修で学ぶうちに夢を見つけました。そして、以前ならできないと思っていた営業職に飛び込み、入社1年目に新人賞をいただけるほどになりました。

長谷川亜紀子さん

「人と話すことが好きになります」

今年新入社員で働き始めたばかりですが、年配の方とも若い先輩方とも話す内容に幅が広がり、人と話すことが好きになりました。また、仕事中でも、担当の人以外からも教えてもらえる時間が増えて、仕事が楽しくなりました。

吉武愛さん

「一緒に仕事がしたいと言われました」

会社で昇給し、給与が月7万1000円上がりました。年収だと約100万円アップです。ある学生と初対面で話をしたときに、BESTで学んだことをそのまますべて使いました。すると、最後にその学生が「ぜひ、大向さんと一緒に仕事がしたいです！」と言ってくれて、うれしかったです。

大向真司さん

「お客様に感動していただける人間になりました」

私は浅草で人力車の俥夫をやりながらBESTへ通っていたのですが、日々勉強させていただく中で何度も乗りに来てくださるお客様が増えました。あるお客様からは「ガンでずっと入院していたのですが、村田君に会ってわたしも頑張ろうと思いました」というお手紙をいただき感激しています。このようにお客様に感動していただけるような人間になれたのも、ＢＥＳＴで人としてどうあるべきかを学ばせていただいたおかげです。

村田竜生さん

「内面から美人になれます」

ＢＥＳＴは内面から美人になれる〝内面エステ〟のようなものです！　楽しいだけじゃつまらない！　オモシロくってタメになる！　本気で人生を変えたい人にとって、チャンスをつかめる環境です！

星幸江さん

「何事もチャレンジしてみようと思えます」

ＢＥＳＴに入って、仕事に取り組む姿勢が変わりました。仕事だけでなく、プライベートでも何事もチャレンジしてみようと思える自分に変わった点が、一番良かったと思っています。

桑野和也さん

「給料も職位も上がりました」

転職したばかりなのに、３ヵ月間の評価で給料が１万円上がった。さらに職位も上がった。

田川佑記さん

「人生が変わったことを実感します」

やり続けて本当に良かったです。人生が変わる経験というのは一生の中でそんなにたくさんあることではないと思いますが、ＢＥＳＴのおかげで人生が変わったことを実感します。

寺田陽子さん

「感動して涙を流しました」

生まれて初めて、感動して涙を流しました。

山下英明さん

はじめに　いますぐ上昇気流に乗ろう！

最初に言っておきます。

私はキレイ事を言うのが嫌いです。大嫌いです。

「ありのままの自分でいい」などと言う人間は、大馬鹿者だと思います。

「自分の脳が今の自分でいいと評価したから自分は幸せ」なんて戯言《ざれごと》は、聞きたくもありません。

最近流行の、脳の科学に基づいたという自己啓発書は、私のような〝どん底経験者〟に言わせれば、ヌルい人間の妄言《もうげん》です。その程度で啓発される人がたくさんいたのは、たまたま時代が金融バブルで、調子がよかったからにすぎません。

そんなヌルさでも、なんとなく暮らしていけた。それだけのことです。

しかし、これから先は、その程度の覚悟では生きていけません。周囲を見てください。世の中どんどん悪くなっています。仕事の数も稼ぎも、減る一方です。

みんな必死です。「今のままでじゅうぶん」「そこそこ幸せに暮らせればいい」などと言っていては、ベッドの上で餓死して何日も発見されないような最期が待っている時代に、すでになっているのです。

目を覚ましてください。

「今のままでいい」わけがない。

なりふり構わず、自分を変えなさい。

しかも、大きく変えなさい。

しかし、心配はいりません。

難しい話ではないのです。

私は本当の田舎者です。高卒です。給料が何ヵ月も支払われない会社にいたこともある〝どん底経験者〟です。

しかし、今は社員が１００人近い会社の経営者です。

こんな時代に、オフィス拡張のため引っ越さないといけないほど元気にやっています。

こうなれたのは、誰にでもできる、発想のちょっとした転換があったからです。

それは、**「下から這い上がるのではなく、上から引っ張ってもらう」**というもの。

聞けば「何だ」と思うかもしれません。しかし、このちょっとした発想の転換ができない若い人があまりにも多い。

どうしてできないのか。その理由は追々書いていきますが、とにかく、これさえできれば、あっけないほど簡単に、自分でもびっくりするくらい、あれよあれよという間に高いところへ行けるのです。**面白いようにチャンスに恵まれ、自分がぐんぐん成長していくのがわかります。**

本当です。

何よりの証拠がこの私です。私の会社も、私の話を聞いて「室舘さんの言うことはすごい効き目がある」と思ってくれる人々の口コミで大きくなってきたのです。

もちろん、魔法があるわけではありません。

最低限やるべきことはいくつかあります。

上から引っ張ってもらうためには、普段の仕事ぶりや態度がものを言うからです。

一口で言うと、上にいる人に**可愛がられる**ことが必要なのです。


若い人のほとんどはこれが苦手です。

しかし、逃げ回っている場合ではありません。

「恥ずかしい」「かっこ悪い」「自分一人でびしっと決めてやる」

その心意気は悪くない。それができれば立派です。

しかし、社会に出たての若者が一人の力でやっていけるほど、世の中は甘くありません。

ならば誰かの手を借りて早く上に行き、たくさんチャンスをもらったほうが、早く一流になれるではないですか。

仕事も早く面白くなるし、早くお金を稼げるようになるのです。

ほんのちょっとの恥ずかしさを乗り越えるだけでいいのです。若いからこそできる方法です。なのにこの方法を採らないというのは、もったいなくてもったいなくて、私は見ていられません。

本の最初、プロローグで、まず私のことを知って下さい。

次に第1章で、上から引っ張ってもらうという意味を知ってほしいのです。まずこれだけでもいいから読んでほしい。

そして、上の人に可愛がられるためにすべき基本を第2章で、上の人に信頼されるためにすべき基本を第3章で読んで下さい。

高いところへ行くには、自分のやりたいことを上の人に聞いてもらい、頼みを引き受けてもらわないといけません。自分一人では何もできないのですから、これは大事です。そのための基本を第4章で知って下さい。

若い人が最初に悩むのは上司との関係だと思います。でも、あなたを**最初に上から引っ張ってくれる人は上司なのだ**と考えれば、上司との付き合い方はおのずからわかるでしょう。上司をメンターにしてしまうのです。

「自分の上司はダメ上司なんです」と言う人もいます。

何を生意気に甘ったれているのでしょう。

ダメな上司なら、いい上司に変えてあげればいいだけのこと。

このとっておきの方法を第5章で書きました。


第6章はもう一つの室舘流発想の極意、「**成功者前提主義**」です。これを読んで元気が出ない人がいたら、私の前に連れてきて下さい。それくらいすごい前向き思考法です。

第7章から第9章は、スキルのことを書きました。もちろん今までのビジネス書ではたぶん読んだことがないような、**キレイ事ゼロ**のスキルです。


そして最後の第10章で、室舘流の夢の叶え方を公開します。

これ、本当は公開したくなかったのです。でも皆さんのため、自分が皆さんと同じ20代前半のダメな頃にノートに書いたことまでお見せすることにしました。

ここまで私も赤裸々になったのです。皆さんも恥ずかしいとかかっこ悪いとか言っていないで、あなたを引き上げる風に乗ってみて下さい。

はじめて人前でカラオケを歌ったときのことを覚えていませんか。

恥ずかしかったでしょう。でも一度できたら、もういくらでも歌えます。マイクを離さなくすらなります。

あれと同じ感覚です。

上昇気流をつかまえて、今のダメな状況、これでいいのかなと悩んでいる状況から一刻も早く脱出してください。

さあ、早い者勝ちです。

目次

第4章 ここまでやれば頼みを聞いてもらえる

第8章 血となり肉となるニュースの読み方

装幀＊長坂勇司
構成＊片瀬京子
編集協力＊グレイル

プロローグ
「金なし、コネなし、学歴なし」の私の半生

私は現在社長です。そう言うと、「天性の才能があるのだ」「もともと華やかな星の下に生まれたのだ」と思う人もいるでしょう。

しかし、それは大きな誤解です。

高校を出て、故郷青森から東京へ出てきた18歳当時は、**まったくの金なし、コネなし、学歴なし**の状態でした。

それから約20年を経てここにたどり着くまでには、同世代のほかの誰よりも過酷な経験をしています。

まずは私の生い立ちを、知っていただきたいと思います。

恐山で知られる青森県むつ市は、陸奥湾と津軽海峡にはさまれた下北半島にある本州

最北端の市で、春や秋でもストーブを焚くほど寒いところです。

ＮＨＫがテレビ放送をすべてカラー化した１９７１年、そのむつ市の兼業農家に、私は三人きょうだいの次男として生まれました。

兄と妹にはさまれていましたが、私が一番親の手を煩わせていたと思います。外で遊んでは服を泥だらけにし、中学生になってもおねしょが治らなかったからです。

中学では、バスケットボールに明け暮れていました。そのせいもあって、将来は、日大か拓大のバスケ部に入りたいなと、漠然と考えていました。

しかし、兄が大学に進学した時点で、私は進学をあきらめました。家には、子供を二人も大学にやるような余裕はとてもないと判断したからです。

中学一年から高校三年まで、新聞配達のアルバイトをしていました。ほぼ皆勤。休んだのは、気温がマイナス18度にまで冷え込んだ朝、たった一回でした。

高校生の終わりのころ、トレンディドラマが流行り出しました。東京を舞台にした、おしゃれな恋愛ドラマです。

それを見ては、「東京ってすごいな」と思っていました。

また、たまたまビデオで見て「フリーター」という存在を知りました。単純な私は、その両方に憧れ、東京へ出てフリーターになろうと考えていました。深く考えていなかったのです。

しかし、当時の担任の先生の説得にあい、上京はするものの、普通に就職することにしました。


バブル景気はまだはじけていませんでしたが、就職先の選択肢は三つでした。スーパーマーケットか、家電量販店か、ファミリーレストランです。どれも知らない会社でした。あとになってみれば、家電量販店とファミリーレストランは、都会ならあちこちに店があるのですが、当時の青森にはどちらもありませんでした。

そこで、スーパーへ就職することにしました。

働くために、18歳で単身東京へやってきました。

昭和が平成に変わって間もない、１９８9年3月のことです。新幹線を降りた上野の駅は、まだ3月だというのに暑くて驚きました。

東京の街を歩く人はみな、自分よりもカッコよく、かしこく見えました。あまりの街のスケールに、自分は都会につぶされると恐怖を覚えました。

当時の自分はコンプレックスの塊《かたまり》でした。

田舎者で、高卒で、背が低い。英語なんて話せないし、恋人もいない。おしゃれな服も持っていないし、流行りの場所に出かける勇気もありませんでした。

しかし、スーパーに就職し、12万円の月給を手にするようになってからの3ヵ月間は、それなりにサラリーマン生活を楽しみました。これといった目標も夢もなく、職場では上司にぺこぺこし、仕事が終わればカラオケやビリヤードで遊んでいました。

毎日考えることといえば、「100万円あったら何が買えるかな」とか、「いつかは大きな家に住みたいな」とか、しょうもないことばかりでした。

その年の6月。

友人に誘われて参加したセミナーで、考え方が変わりました。

大企業に勤めていたり、有名大学に通っていたりする人たちが参加していたそのセミナーで、「夢を持つことが大切だ」とか、「結果こそが大事である」というようなことを学んだのです。

ものすごいカルチャーショックでした。

そのころの私は、とてもキレイな女性連れのカップルを見てもそれを認めたくなくて「あれは兄妹《きょうだい》だろう」と決めつけていました。高級外車を見て思うことは「悪いことをして金を稼いでいるに違いない」といった感じです。そう考えて現実から目を逸《そ》らさないと、自分がみじめで仕方なかったのです。

けれど、セミナーで目が覚めた思いがしました。

このままスーパーで働いていても、夢すら持てないまま終わっていくと思いました。

スーパーは1年で辞めました。

そして、固定給がなく販売手数料だけが自分の収入になる、完全歩合制の仕事に転職しました。

それは販売権を売る、という仕事でした。貴金属やスーツを卸値で仕入れ、かつ、それを売ることのできる権利です。「それを使って商売をして下さい」というわけです。

一生懸命やりましたが、全然売れませんでした。

最初の月給は5万4000円。収入はガタ落ちです。

上司には「**お前には才能がない**」とはっきり言われました。「**青森に帰れ**」とも言われました。毎日毎日、言われ続けました。100回以上言われました。

自信をなくしました。本当に才能がないんだと思いました。翌月の月給は、2万7000円と半減しました。

実家に電話をし、米を送ってもらいました。毎日おにぎりを7つ作り、そのうち3つは自分で食べ、残りをひとつ100円で売りました。

辛《つら》いのかどうかもわかりませんでした。やるしかなかったのです。


上司は「口が裂けるまでトークの練習をしろ」「倒れるまでやれ」と言います。

そこで私は、「よし、やってやろう」と思いました。

「できない」と逃げることは簡単だけれど、その前に、**一度口が裂けるまで練習しよう、倒れるまでやってみよう**と思ったのです。

空気が乾燥してきた頃に、唇が切れ、血がにじんできました。

1年半後、私はトップセールスマンになっていました。月給は40万〜50万円。

しかし、いい時代は続きません。扱っていた販売権が売れなくなってきて、会社が傾いてしまったのです。

Jリーグが開幕し、皇太子殿下が結婚されたその年、私は22歳になっていました。

だんだんと、給与が支払われなくなりました。会社の電話が止まった日もあります。


本当にお金がなくて、消費者金融のカードを14枚持っていたのはこの頃です。

予算100円で毎日自分の弁当を作っていました。

栄養失調になると爪が白くなることを知りました。

東京の王子駅で通りすがりの人に「荻窪まで行きたいのですが財布を落としてしまいました」とお金を恵んでもらったことは忘れられません。

「返します」と言っても「それくらいならいいよ」と言ってもらえた。それでかけそばを食べて、なんとかしのぎました。

今でも、このときのことを思うと心が痛みます。

給与未払いの時期は1年半続きました。200人以上いたスタッフは、17人にまで減りました。

◆室舘勲の現在までの軌跡◆

0歳	1971(昭和46)年3月	青森県むつ市に兼業農家の次男として生まれる
18歳	1989(平成元)年3月	青森県立田名部高等学校卒業
18歳	1989(平成元)年4月	上京後、スーパーマーケット入社
19歳	1990(平成2)年3月	同社を一身上の都合により退社
19歳	1990(平成2)年4月	販売権販売会社入社
21歳	1992(平成4)年7月	同社営業課長に昇進
22歳	1993(平成5)年4月	グループ会社の設立に伴い異動
23歳	1995(平成7)年2月	同社を会社都合により退社
24歳	1995(平成7)年3月	教材販売会社入社、営業課長に就任
27歳	1998(平成10)年4月	営業部長に昇進
29歳	2000(平成12)年4月	常務取締役に就任
32歳	2003(平成15)年12月	株式会社キャリアコンサルティング設立、代表取締役就任
35歳	2006(平成18)年10月	株式会社キャリアコンサルティングと有限会社ベストを経営統合、代表取締役社長に就任

それでも、私はその会社を辞めませんでした。

管理職になっていた私は、顧客を、会社を、社長を、守り抜こうと決めたのです。

売るものを、販売権から教材へシフトしました。そうすることで会社は少しずつ立ち直っていき、私もいつしかトップマネージャーになりました。


そのころ、フェラーリを買うという目標を作りました。

私には自慢できるものがなにひとつない。でも、フェラーリに乗れば箔《はく》が付くんじゃないか。その程度の思い付きが、出発点でした。

遊ばず、買い物もせず、フェラーリの代金1400万円のために1年半かけてお金をためました。

半額を頭金として支払い、あとはローンにし、念願のフェラーリを手に入れました。

納車された日の夜中、私は地べたに座ってフェラーリを眺めていました。その時頭に思い浮かんだのは、給料が止まった時のこと、青森に帰れと言われたこと、雪の中の新聞配達のことなどでした。


何もない、金なしコネなし学歴なしのところから、夢を切り開いてきました。今後もそれをやっていきたい。

そう思って、30代前半で新たに会社を作りました。

私の幼少期から20代までの経験から得たものを、かつての私のような若い人たちに伝えるのが目的の会社です。そこで私は今も、社長を務めています。

「高校しか出ていない自分が夢を持っていいのかな？」と必要以上に自虐的になった時期もあります。しかしそのぶん、ここまでやってこれたことは大きな自信ですし、やってきたことに間違いはなかったのだと確信しています。

こんな半生を送ってきた私が言うのだから、間違いありません。

人生、才能ではない。誰もが何をも武器にできる。

「環境に恵まれていないから」「才能がないから……」などというのはたわけた言い訳です。一度しかない人生なのに「環境」や「才能」を理由に逃げていて何が楽しいのかと思います。

もう一度言います。**人生、才能ではない**のです。

次の章から書くことはすべて、私の経験に裏打ちされた事実です。

第1章

カギは「年長者」にあった

1 這い上がろうとするな

よく私は「どん底から這い上がった」と言われます。しかし、それは違います。

もちろん、這い上がりたければ這い上がったっていい。ただし、それだけの力があるという自信があるのなら、です。

でも私は金なしコネなし学歴なしの人間でしたから、自分にはそんな力がないことを知っていました。

自分の力だけで勝負しては、東大卒やオックスフォード大卒の人に勝てないとわかっていたのです。

では、自力だけではダメならどうしたらいいか。

そこで出る結論はシンプルです。**人に頼る**しかありません。

でも、「私は弱い人間なので何もできません。なんとかしてください」と泣きごとを言うのは論外です。

どうするか。

実は非常に簡単なことです。

まずは、自分が誰かの役に立ちたいという姿勢を見せる。見せるだけでなく言う。**「やります」とはっきり口にする。**

それから、その誰かのためにやれることをやる。やれることを見つけてどんどんやっていく。

やれることが、ビジネス、つまり金銭に結びつくものである必要はありません。むしろ社会貢献のほうがいいくらいです。

というのも、そういうことをする若い人を好む人が、世の中にはとても多いからです。

もちろん、若い皆さんにも「自分が成長したい」「会社を大きくしたい」「金持ちになりたい」「有名になりたい」など、いろいろ思うところはあるでしょう。

しかし、それよりも「社会に貢献したいんだ」という気持ちを前に出したほうがいい。

そのほうが、協力する側が、協力しやすいからです。

「俺の金儲けを手伝ってください」では協力は得られない。しかし、「**社会や世の中のためにこういうことをしたいです**」と言うと、賛同してもらえる。

社会や世の中のためになることをやっていると、必ず目をかけてもらえ、声をかけてもらえ、力と知恵を貸してもらえる。

そうなると、無理をして這い上がらなくても、すでに上にいる誰かが手を貸してくれ、自然と引っ張り上げてくれる。お金や名誉というのは、後からついてきます。

すでに上にいる人に、ぐっと引っ張り上げてもらえる人間になればいい。

これは、やってみての結論です。

2 「ギブ、ギブ、ギブ・アンド・どうぞ」

這い上がろうとすると、卑しい気持ちで周りを利用せざるを得なくなります。

知恵なりアイデアなり人脈なり、何でもいいから、この人から自分の得になることを盗んでやろう、奪ってやろう、となる。

けれど、そう考えていると、顔もそうなってくる。つまり、「奪ってやろう顔」になる。

こうなると、誰からも信用してもらえない。ビジネスパートナーもできない。

仕事はなにひとつうまくいかなくなります。

よくギブ・アンド・テイクと言いますが、これではテイク・アンド・テイクです。

奪おうとすると、ろくなことがありません。

ならば、ギブ・アンド・テイクならいいと思いますか。

私はこれでもまだダメだと考えています。

テイクしてはダメ、奪ってはダメ。

その場でテイクしたところで、何の意味もない。

では、どうすればいいのか。


ギブし続けるのです。


「お役に立てるなら何でもやります」という姿勢で「これやってくれ」「あれやってくれ」にひとつひとつ応えていくのです。

理不尽だと思うなら、それは間違っています。これほど合理的なことはないのです。

ギブしてギブして、ギブし続けます。

するとそのうちに向こうから「あなたのためにもなんとかしてあげたい」と言ってくるものです。

そうしたら、「こういうことをしたいんです」とだけ主張をすればいい。

これまでギブしていた相手は、「こうしたらいい」とか「こういう人を紹介しよう」とか気を使ってくれて、自然と人脈や事業の輪が広がっていきます。

私は経営者ですから、いろいろとビジネスの誘いがきます。

起業当時はよく、こう答えていました。

「人がやりたがらない、一番儲からない仕事をやらせてください」と。

「儲かるんだったら一枚かませてください」ではない。

〝**お金がほしいのではない、役に立ちたいんだ**〟ということをわかってもらうために、こういうことを言い続けています。

つまり、ギブ、ギブ、ギブ。与えて、与えて、与えていく。

さらに、「**どうぞ**」を付け加える。

ギブ、ギブ、ギブ・アンド・どうぞ、です。

「どうぞ」は「さあどうぞ、まだまだ私のことを使ってください」という姿勢でもあります。そして同時に、「今度はこちらのためにどうしてくれるんですか」と伺いを立ててもいる。

ギブし続ければ、テイク・アンド・テイクで必死になって這い上がる必要はありません。

引っ張り上げてもらえるのですから。

望む方向へ、自分の力を使うことなく、導いてもらえる。

こちらからできることを与えて、与えて、与えまくった結果、得られるものです。だから、卑屈になる必要は全くありません。

3 「一緒の空気の中にいる努力」から始めなさい

今、私は38歳で、社長です。しかし、抜きん出てコミュニケーションがうまいわけではありません。

大企業の会長・社長や研究所の所長と同席すれば、かなり緊張します。「こんなに低い自分のレベルで何か言って、怒らせたり白けさせたりしたらどうしよう」と、そういうことを考えるわけです。

19歳で転職したころ、社長は10歳ほど年上でした。若造の私にしてみれば、たとえ会議の場であっても、口をきくことさえはばかられる存在でした。

経営が悪化して給与を止められた時も、会長や社長に対して、文句を言うどころか、無礼なことをやってしまうのではないかと畏怖《いふ》の念を抱いたものです。

しかし、今となって思えば、〝うまく受け答えしよう〟などということは、最初は考えなくていい。

まずは一緒の空気の中にいる。そうすると、「そうかここで笑っていいんだ」とか「笑わないといけないんだ」とか、わかってくるわけです。

お葬式と同じです。

思い出してください。初めて参列した日のことを。

あれは学校で作法を習うものではありません。ある日突然、参列する機会がやってくるものです。

焼香を、いきなりやれと言われたら無理でしょう。しかし、列の後ろのほうに並んでいて、前の人がやっていることを見て、覚えれば、同じことはできる。

作法に自信がなければ、見よう見まねでやればいいんです。

まずはその場に居続けること。そうして周りを見ること。

対人関係も同じです。

これまでは会ったことのないような人が、世の中にはたくさんいます。

自分とは住む世界が違うと感じるような、大物です。そしてこういう人たちに出会う機会は、葬式のように突然やってきます。

しかし、話をするところまではなかなかいかない。緊張もするでしょう。

そういう場で、しゃしゃり出る必要はありません。**まずは周りを見る。見て覚え、そ**

の場に居続ける努力をします。逃げ出さず、過剰なアピールもしない。

それを続けているうちに、そのうち相手のほうからこちらの目をみたり、意見を求めたりしてきます。

そうしたら「そうですね」「はい」と言ったり、意見を述べたりすればいいんです。

一時期、私は自分を大きく見せようと、ふくらはぎが震えるような思いで自己アピールを必死にやっていたことがあります。

でも、周りは自分よりずっと大人です。

どれだけ背伸びをしてみせても、「そうか、頑張ってるな」なんて言われて終わりです。なかなか次に続かない。

大物と接する機会があったら、じっとその場に居て、相鎚《あいづち》を打ったり返事をする機会を待つ。

焦《あせ》る必要はありません。

4　年長者は若い人に聞いてもらえるだけで嬉《うれ》しい

年長者を甘くみてはいませんか？

「大学でどんなに立派なことを学んだとしても、しょせん若い人には、鋭い意見や、驚くほどの知識などない」ということを、彼らはみんな知っています。

だから、若い人に対して、なにひとつ期待はしていません。

だからといって、疎《うと》ましいとか憎らしいとかいう感情があるわけでもない。

それどころか、上の人は、若い人たちに対して、警戒している。気を使っている。

これは本当です。

特に、手も届かないような存在の人にとって、20代や30代のような若い人は、あまり周囲にいない、珍しい存在です。

すると、普段はなかなか交流のない若い人たちが、**そこにいてくれるだけで嬉《うれ》しい**。

そう感じるものなのです。さらに、期待したようなリアクションを、ほんの少ししてくれればもっと嬉しい。

そう感じているのです。

生まれたばかりの赤ん坊がほんの少し笑うだけで、周りの大人は大喜びする。

それと、同じだと思えばいい。

だから、若い人たちの側には、何かこういうことをやらないと、気に入ってもらわないとなどという気負いは全く必要ないわけです。

自分で自分に対し、いきなりすごいレベルを求めたってダメです。相手もそれは期待していません。

「ああ、若い人がいるなあ」「聞いてくれているなあ」

そう思ってもらうことが第一歩。

私も昔は、素晴らしい方々にアピールをして、目をつけてもらって、「じゃあちょっと教えてやろう」なんて声をかけられたい、という気持ちでいたこともあります。

しかし、その考え方は間違っていました。

そこにいて、話を聞いている。それだけで彼らはあなたを好きになり始めているのです。

5 自分を大きく見せようとするな

若者は、そこにいるだけでいいのだということに、私もなかなか気付きませんでした。

一度、失敗をしています。

すごく若いころの話ではなく、30歳近くになってからです。

当時の仕事は教材を販売することでした。私はそれに少しコンプレックスがありました。そういう会社の中には、あまりよくない会社もありますから。

イメージが悪いと思っていた。けれど、当時の私は先輩が別に興《おこ》した会社の役員を兼務していたこともあり、「その辺の若造とは違うぜ」というような、少し強がったような驕《おご》ったような、そんな気持ちでいました。

私は自分を、40代・50代の人たちが中心の、自分が一番下っ端のような勉強会の場でも、アピールをしたかった。

当時は、いっぱいいいっぱいだったのです。

そうすると、周りは「ああ、すごいねすごいね」とは言ってくれる。

言ってくれるけど、それまで。

「そんなにすごいのなら、自分で頑張れば？」という感じになってしまう。

教えてもらえるとか助けてもらえるとかいう雰囲気にならず、自分としては一生懸命やっているつもりが、「どうもなんだか相手にされていないぞ」というのがわかってくる。

何となく「あれ？」と。

嫌われていると言うと大げさですが、少なくとも好かれてはいない、やばいなと気づくわけです。

深く反省をしました。そして自分で何か言うよりも、誰かの言うことを聞こうという風に考えを改めました。

心を入れ替えて、その勉強会には3年間皆勤しました。そうしているうちに、講師の方と一対一で話すチャンスがやってきます。

そこで今度は、なぜ今のような人材育成の会社を作ったのかということ、私は自分の夢を叶えたいというのもあるけれど、社会に貢献し、日本を良くしていきたいということを、丁寧に丁寧に話しました。

すると、「そうか、そんなに立派な仕事をしているのか」となって、「ならば応援しよう」と言ってもらえるようになった。

強がっていた時にいちばんしてほしかったことが、謙虚になったことで得られたわけです。

嫌われても、やり直しはききます。

しかし、私はそこで3年近くロスをしました。

大きく見せようとすると、ろくなことがありません。

6 年上の友人をつくりなさい

私には、年齢が上の友人がとても多くいます。

これには、私の学歴は高校までのため、いろいろな経験や勉強が必要だと思い、意識してそうしてきたという部分もあります。

しかし、たんに「知らないことを学べる」「知識が増える」というだけでなく、これまで書いてきたような大きなメリットがあることがわかってきました。

上司と部下のような明らかな上下の関係でなくても、年齢が上の人から得ることはとても多いのです。

年上の人には、**自分より下の若い人に対して「良くしてあげたい」「教えてあげたい」という気持ち**がとても強くあるものなのです。

そしてみな、年齢がいくつの人であっても、「最近は自分の周りに若い人が少ない」と感じているものなのです。

嫌われること、疎外されることはまずありません。勇気を出して飛び込んでみたらいいと思います。

7 とにかくたくさんの人と会いなさい

では、自分にとっていい影響を与えてくれる年上の友人を、どこで見つけたらいいのか。

大人になってからは出会いがない、友人ができないなどという人が多い。

しかし、それは私に言わせれば、単に努力していないだけのことです。

私の場合はまず積極的にいろいろな会合やパーティに出ました。そこでは名刺を100枚、200枚交換することもありました。今でも、多いときは数十枚を交わします。

そうやっていても、実際のところ友人になる人は、そのなかに一人いればいいほうです。

自分にいい影響を与えてくれる、自分にはない価値観を持った面白い人というのは、それほど簡単に見つかりません。

探し続ける努力が必要です。

もうひとつ、私の勧《すす》める友人の見つけ方は、**すでに親しくなっている人から、誰かに紹介してもらう**ことです。

別に、「誰か紹介してもらえませんか」などとお願いをする必要はありません。

友人に対して誠実に接していれば、自然とその人が、また新しい誰かを紹介してくれるのです。

なぜだかわかりますか？　これはそれほど難しいことではありません。

「この人間を紹介したら、自分の株が上がるな」と友人が感じてくれたら、自然とそういう行動につながるものなのです。

第2章

ここまでやれば可愛がられる

8 誰とでもすぐに打ち解ける人は成功しない

学生でも社会人でも、「どうしてこの人はこんなに場慣れしているのだろう」と言いたくなるような人がいます。

妙にリラックスしているのです。

育ちがいいせいなのか苦労をしていないからなのか、たんに礼儀を知らないだけなのか。私には見当もつきません。

そういう姿を見ると、私は「もっと緊張しろ」と怒鳴りつけたくなります。

「社会における先輩である私と君とは、友達じゃないんだよ」と。

私のセミナーに通っている若い人たちを見ていてもそうです。幹部や私と、短期間で親しくなってあれこれとしゃべるような人は、ほとんど大成しない。

長い間、その理由がわかりませんでした。

はっと気付かされたのは、武田鉄矢さんが「金八先生」について書いたものを読んだ時です。

楽屋でも本番でも、リラックスしている子役がいる。しかしそういう子役は、たいてい大成しないそうです。

対照的に、見るからに緊張していて、ドキドキしながらも、一生懸命、たとえばその中学生の役をやるような人のほうが、その後成功すると書いてありました。

目から鱗《うろこ》が落ちました。

「目の前にいる人の期待に応えたい!」とか、「失敗できない!」とかいう**その気持ち、意欲が緊張を生む**わけです。だから、それがあるかないかで、その後の成長が左右されて当然です。

「誰とでもすぐに打ち解けられる」「学生時代は友達がたくさんいて楽しくやってきた」というような人こそ注意してほしい。そのやり方は、大人の社会では通用しません。

上の人間から見ればなめているように見えるし、自分の置かれている立場を理解できていないと判断されますから。

さて、少し話は変わりますが、ちょっと思い出してみてください。

お気に入りの相手のいない合コンでは、饒舌になれませんか。

なぜだか考えたことがありますか。

「今日は飲めればいいや、盛り上げ役に徹しよう」と思うと、自分でも驚くほどスムーズに会話ができ、絶好調モードになります。気兼ねなくバカができる。

自分を魅力的に見せる必要がないからです。

カッコつけなくていい。緊張する必要も意味もない。

しかし、もし目の前に意識してしまう相手がいたら、硬くなってしまう。

目的のある場では、緊張はあって当たり前ということです。

大物の前では緊張する。

若者らしくていいことです。緊張して多少失敗するくらいのほうが、場慣れした態度でいるよりも、ずっと可愛げがあります。

9 「コチコチに緊張する人」は得をする

私が見た「緊張の例」をいくつか紹介しましょう。

たとえば、アイスコーヒー。これは私自身の体験です。

著名人との会合に参加すると、全員にアイスコーヒーが配られる。しかし、それをいつどんなタイミングで飲んだらいいのかが、わからない。

手をつけるタイミングを逃したまま、グラスが汗をかくのを見ていました。

「飲めよ」と勧められても、そう飲めるものではない。

私は、今でもそういうことがあります。

また例をあげましょう。今度は別の人の話です。

居酒屋に飲みに行って、乾杯をしてから30分たっても40分たっても、ジョッキのビールがちっとも減らない。

飲めない体質でもないし、酒が嫌いなわけではないのだが、緊張しているから、全然飲めない。減らない。

つまみにとった焼き鳥も、皿の上でカラカラに乾いてしまう。

それだけ緊張しているのは、見ている側には必ずわかります。

そしてそれは決して、見る者を不快な思いにさせるものではない。

お代わりを勝手にガンガン頼むような無礼者と比べれば、**ずっと好感が持てます。**

もうひとつあります。これは、私が若い人に座敷で昼食をごちそうした時の話です。

一対一だったのもあり、相当緊張したのでしょう。

ずっと彼女は正座をしていました。

「足を崩していいよ」と言っても、「いいえ、書道をやっていたので大丈夫です」と言って、最後までそうでした。

で、食べ終わって、「では帰りましょう」ということになって立ち上がったら、彼女は前のめりに倒れていきました。

本当は足がしびれていたのに、それを私に言うのも悪いと思っていたのでしょう。黙って正座を続けていたわけです。

転んだ拍子に顔をぶつけて、少し切ってしまった。

ここまで行くと少し極端な気もしますが、しかし、これくらい緊張しても、決して悪いことはない。「かわいいやつだな」と思ってもらえるわけですから。

10 引っ越しを手伝いなさい

何年か前の話です。参加していた勉強会の講師の先生が、引っ越しをすることになりました。

ちょうど私が、大物とは「とにかく一緒の空気の中にいる」ということを、実践していた時期です。

手伝える人を募集すると言われて、私は真っ先に手を挙げました。

その場では、手を挙げない人のほうが、多かったのを覚えています。

その方の自宅へお邪魔して、箱詰めをしたり荷物を運んだり梱包《こんぽう》を解いたりと、汗をかいて引っ越しの手伝いをしました。一生懸命やりました。

そして、すべて終わった時に食事をご馳走になることになりました。

このように、思わぬ形でお近づきになれるチャンスがやってくるのです。

だから、力仕事はどんどん引き受けたほうがいい。

力仕事というのがポイントです。

大物と言われる人には、お金があります。アイデアを寄せてくれるブレーンもたくさんいます。

しかし、持っていないものもあります。

それがなんだかわかりますか。

物理的な力です。パワーです。**重い荷物を運べる体力**です。

意外なことに、大物には、汗を流してくれる、力仕事をしてくれるスタッフはあまりいません。

ここでこそ、みなさんのような若い人の出番でしょう。

〝自分は若いから、大物に対して何の役にも立てない〟と思いこんではダメなのです。

若いからできること、若い人にしかできないことがあるわけです。

それに、その手のお手伝いというのは、終わったあとに、「私はこれだけやりました」などと言って回る必要がありません。

働きぶりをその場で見てもらえているわけですから。

もし後日、何か言うのであれば、「もっと手伝えることはないですか」です。

11 「台風の目」の中に飛び込みなさい

私が19歳の頃の上司は、「お前には才能がない」「青森に帰れ」「口が裂けるまで営業トークの練習をしろ」と、とても厳しい人でした。

怖くて、近寄りがたい先輩でした。

しかし、営業成績がよく、尊敬もしていました。

「家の近くまで来たらいつでも遊びに来い」と言ってくれるような一面もありました。

そこである深夜、別の先輩と一緒に行ってみたのです。

12時半頃です。先輩の部屋のチャイムを鳴らしました。

「こんな時間に失礼かと思いますが、近くまで来たので」と、おそるおそる言いました。

先輩は驚いてはいたけど、怒りはしなかった。

私たちの遊び心を、わかってくれたわけです。

そして部屋に入れてくれ、いろいろと話をしてくれた。

「厳しい」とか「怖い」という印象の人には、実はいい人がけっこう多いものだなとそのとき気づきました。

私は極真空手をやっていましたが、それと同じだなと気づいたのです。

ボクシングでたとえてみましょう。ロープ際でクリンチしてぺたっとくっついてしまうと、パンチをもらいようがない。だから、近づくまでは怖《こわ》いかもしれないけれど、えいっと飛び込んでしまえば、実は怖くない。

人間関係もまったく同じです。すごく怖いときには、思い切って距離を詰めると、案外怖くなるものです。

苦手だ、怖い、と感じる人に対してこそ、ぶつかっていったらいいと思います。

台風がそうです。どんなに風が強く、雨の激しい台風でも、その**ど真ん中、「目」の部分は穏やか**です。晴れた空に太陽が見えます。

だから、少し離れたところで翻弄されているのではなく、「目」の中へ入ってしまえばいいのです。

こういうことを知ったのも、自分からその上司のもとへ飛び込んでいったからです。だから、やらないとダメ。腰が引けたままでは、得られないものがいっぱいあるわけです。

私は深夜に訪ねた先輩の家で、もう一つ、とても大切なことを学びました。

その先輩は、話がとてもうまくて、笑いをとるのも上手で、周囲からは「天才だ」と呼ばれていました。私もそう思っていました。「きっとあの人は、はじめから才能があるんだ」と。

しかし、先輩のベッドの枕元には、話し方や説得する方法というような、その手の書籍がずらっと並んでいた。

「天才と呼ばれる人も、実は努力をしていたんだ」と驚きました。しかも、その先輩には言語障害だった過去があることも知りました。

そう聞いて、「天才」という言葉を信じなくなりました。みんな裏で、努力をしている。

その先輩に「口が裂けるまでトークを練習しろ」と言われた時は、そんなことできない、したくないと思っていましたが、心を入れ替えました。

実際にやってみると、**なかなか口は裂けない**。人間の体は丈夫にできています。

そういうことを学び、経験できたのも、相手の懐に飛び込んだからです。

特に頭のいい人はどうしても、あれこれ考える悪い癖がある。

考える暇があったら、思い切って行動に移してほしいです。

12 役に立てることは必ずある

以前、新聞に「東京都が若者の教育を支援していく。民間にも広く協力を求める」というような記事が出ていました。

そういう記事を読んで、どういう感想を抱きますか。

「民間ってどこだろう。大手だろうな」と思う人もいるでしょう。

でも、起業2年目の私たちは、そうは思わなかった。

「手伝ってみよう」と考えた。

零細企業が都の役に立てるなんて、と決めつけることをしなかったのです。

当時27歳だったスタッフが担当部署へ電話をし、実際に都庁に出向きました。

ぱっと懐に飛び込んだ。そういうことです。

そのスタッフが帰ってきて報告するのを聞くと、「新聞には出たけれど、具体的にはまだ。『わざわざありがとうございます』という雰囲気だった」などと報告してくるわけです。

それを聞いて、みんなが「なんだ、意外とそうなんだな」と思いました。

都のような大きな機関にも、汗をかきたいと申し出る人や企業は、意外と少ないものなのです。

それで、できることからやっていこうと決めました。

私たちは当時代々木にいたので、朝、代々木駅近くの道のゴミ拾いをしていました。

道行く人に「何の団体？」と聞かれることも増えました。

でも「有志です」などと答えるだけ。絶対に会社名は言いませんでした。

なぜならば目的は、そこで会社の名前を売ることではなく、都や地域の役に立つことだったからです。

自分には何ができるだろう、何もできないのではないかなどと、家の中に引きこもって一人で考えているくらいなら、外へ出て体を動かせばいいのです。

その際、できないことはできないと、はっきり言っていいと思います。

その代わり「これはできます」ということは、その時にきちんと言うことです。

13 なぜ、お礼は「二度」言わなければダメなのか

成長し、自《みず》らの人間の器を広げるために大切なことは五つあると、私は常々セミナーで言っています。

1. 高い志

これは、気持ちのあり方です。個人的に何をどうしたいかのその先に、それを実現することで社会にどう貢献できるかを常に考えるものです。

2. 倫理道徳観

社会人としての品性と言い換えてもいいでしょう。

3. コミュニケーション能力

これは、社会で活躍するために、他人から嫌われることなく、短期間でスムーズに人間関係を築く力のことです。

4. リーダーシップ能力

これは、若いうちはすぐに必要とされるものではありませんが、いつか組織を率いることになるわけですから、その力量が問われます。

5. 感謝の気持ち

これがなければ、ほかの四つがどれだけ揃《そろ》っていても、何の意味もありません。

感謝の気持ちというのは、すごく大事なことです。

相手が「してあげた」と思っていなそうなことでも、少しでも「ありがたいな」と感じたら、積極的にお礼を言うようにして下さい。それも**二度**です。

二度というのがポイントです。

上の人になにかをしてもらったら、それに対するお礼を、必ず二度言います。

というのも、一度は誰でも言うからです。

その場でお礼を言い、一晩明けた翌日にまたお礼を言うようにします。

方法は、メールでも電話でも手紙でもなんでもいい。

形云々ではなく、とにかくもう一度伝えることが大事です。

二度目をしないと、一度目のお礼も意味がなくなります。

一度では印象に残らないから、忘れられてしまうからです。それに、二度お礼を言われたからといって、怒るような人はいません。

14 冬でも冷たい飲み物を出すべきとき

相手の立場に立ったつもりが、実は立てていなかった、ということも、よくあります。

例えば冬の寒い時期に、お客様に出す飲み物はまず、温かいもの、というのが「常識」。しかし、これは間違っています。

そのお客様が、講演の講師としてお招きしていた方だとすれば、どうですか。しゃべったあとは、喉がとても渇くものです。一気にそれを潤《うるお》したいと思うでしょう。

とすると、差し上げるべきは、温かいお茶ではなく、**冷たい水**です。

温かいお茶を出されたら、「気が利かないな」と思われる。これなら出さないほうがましかもしれません。

この話のキモがわかりますか？

「今日は寒い」という、客観的な事象ではなく、「話を終えたばかり」という、〝相手がいま置かれている状況〟を考えることがキモです。

配慮にルールはありません。その時その時、ＴＰＯに応じて、相手の立場を考えます。一度うまくいったからといって、それをパターン化して丸暗記してしまってはいけないのです。

もちろん、相手の立場を考えて理解しようとしても、わからないこともあります。

その場合はどうするか。

簡単です。**聞けばいい**のです。お茶なら、「冷たいのと温かいのと、どちらがいいでしょうか」または「コーヒーとお茶とどちらがいいですか」と、ひと言確認すればいい。

〝いつもコーヒーだから〟とか、〝今日は寒いから〟といった安易な判断は危険です。

15 上司が食べ終わる直前に自分の皿を空《から》にしなさい

上司にとって後輩にご飯を食べさせるのは、上下関係をつくる上で非常に大切なことです。

「あの人に食べさせてもらった」「ご馳走になった」の繰り返しで、上下関係が確かなものになるからです。

上司は、「部下には飯を食べさせなくては」と、体で覚えているのです。お金があるないではなく、部下や年下の人間と行ったらそうするものなのだと。

しかし、おごってもらう側は、おごってもらえるから、食費が浮くから一緒に行くと単純にそれを受け止めてはなりません。

出してもらって当然だという考えになってはダメ。最終的には出してもらうにしても、「出してもらってありがとうございます」という気持ちが欠かせません。

そういう気持ちがあれば、上司と食事に行ったらただご馳走になっていればいいわけではないこともわかるでしょう。

最低限、ペースを考えないとダメ。

実は、これができている人はあまりいません。

こっちがゆっくり話しながら食べているのに、ガーッと5～6分で食べて、それで「ごちそうさまでした」などとやっている人が多い。

そうしたら上司は気を使ってしまうでしょう。

「なんだ、早いな。アイスコーヒーでも飲むか」となってしまう。

コミュニケーションの基本は相手の立場を考えるということです。気を使わせてはダメ。

自分のペースがあるかもしれませんが、そんなものは捨てて、相手のペースで食べるのです。

食べ終わるベストのタイミングというのがあります。それは、**上司があと一口、二口で食べ終わるところで、自分が食べ終える**というもの。

逆はダメです。上司が食べ終わっているのに、自分がまだ終わってない。これでは、上司を待たせることになってしまいます。

なので、上司があと一口、二口でなくなるところで、キレイに食べ終わって、待っているというのが理想になるわけです。

あと、もうひとつ。

上司が話し出したら、箸《はし》を止めます。話が終わるまで、茶碗やおかずに目を奪われることなく、じっと上司の目を見て話を聞く。

こういうことにこだわらない上司もいます。しかし、こだわる上司もいる。こだわる方に合わせておいたほうが安心です。それに、きちんとしている人間だということを、わかってもらえます。

そしていつか、自分が上の立場になったら、部下や年下には、必ずご馳走するのを忘れないことです。

16 お酒の場では店員になりなさい

上司と酒を飲むこともあるでしょう。

飲めない人は、無理をして飲むことはありません。飲めないのだと言ってくれればわかります。ただ、「飲みたいんだ」という姿勢は見せてください。

酒の席で、上司が一番気にすることは何だか知っていますか。

それは、部下が楽しんでいるかどうかです。２時間なら2時間、退屈していないかに心を砕《くだ》いているのです。

だから、楽しむことです。「面白がって話を聞く」、それがマナーです。

ただ楽しむと言っても、友達同士で飲んでいるのではありません。

上司と同じように飲んで、酔っ払ってはダメです。

たいてい上司はおごってくれるか、多めに払ってくれるでしょう。ご馳走になり、かつ、話を聞かせてもらい勉強にもなっているのだから、少しはその場で気を使わないとバチが当たります。

そもそも、若いうちは、経験豊富な上司を笑わせるようなネタもなければ、上司を唸《うな》らせるような情報も、何もない。

だからせめて、上司には気持ちよく飲んでもらうようにしてください。

グラスが空になりそうなら「次は何を飲まれますか」と尋ねる。灰皿がいっぱいになってきたら交換を頼む。時間が遅くなってきたら「そろそろ終電です」と知らせる。

付き合いが長くなってくれば、上司の好きな酒や飲む量を覚えます。水やお茶を頼むタイミングもわかってくるでしょう。

上司と飲むときは、「自分は**その店の店員さん**である」という気持ちを持ってほしいです。

「そこまでやるのか」と思いますか。

やるのです。

恩義はつくすべきです。

ですから、上司の誘いに対して「うーん、今日はちょっと」と言葉を濁したり同僚に「いないって言って」などと嘘を言ったりするのは、ありえないことです。

「ついてこい」「飲みに行くぞ」と言われたら、これはチャンス。

張りきって店員を演じてしかるべきです。

毎日を、軽く楽しく生きていきたい人にしてみれば、恋人とのデートや同僚との飲み会が優先なのかもしれません。

しかし、それではダメなんだということを、私はここまでに何度も書いてきました。

それは理解してもらえているでしょう。

それに、酒が入ると、人間の本質が見えてきます。

本質がわかると、しらふの時の対応の参考になります。普段の話を全部真に受けるほうがいいのか、話半分で聞いたらいいのか、聞いているふりをして聞き流せばいいのか、全部わかるわけです。

一杯入ると、わかります。

だから、少なくともデートとバッティングしても、何度かに一度は上司との飲みを優先させるほうが絶対にいい。

「行きたくない」などと言っていないで、自分が変わることを考えるのです。自分が変われば、すべてが変わる。

将来の自分の経験値が桁違いに、**ゼロひとつずつ**増えていく、そういうイメージです。

第3章

ここまでやれば信頼される

17 歩くときは、5秒に一度振り返りなさい

スクーバダイビングのインストラクターから聞いた話です。

海に潜ると、インストラクターは客の前を泳いでいきます。しかし、客がはぐれてしまっては困る。何かあってはいけない。そこで、ときどき振り返って全員がいることを確認することになっている。

海の中で一人だけはぐれたら命が危ないから、というのが振り返る理由です。

これを、客の側から見たらどうでしょう。

たとえ流れが穏やかで事故など起こらないような場所であっても、インストラクターに振り返ってもらえると安心できるものです。「気にかけてもらっているのだ」と思えるからでしょう。

地上でも同じことです。

「この人は、自分に関心を持ってくれているんだ」という実感は、不安を吹き飛ばします。

私はよく、「誰かを先導して歩くときは、5秒に一度振り返れ」と言います。

見知らぬところを、誰かの案内に従って歩くときのことを考えてみてください。知らない場所というのは、そこが特別に危険地帯などでなくても、不安なものです。ドキドキしているはずです。

そこで、前を行く人に5秒に一度振りかえられたらどうか、と想像してください。**「そこにいますね」「はぐれていませんね」**と、言葉には出さないものの、行動で確認をされると、「ああ、この人は自分のことを気にかけてくれているな」という気持ちになります。不安が和らぎます。

よく「忖度《そんたく》」という言い方をします。

この言葉の意味は、相手の心の中を想像する、立場を考える、そういうことです。それを態度で示せば、相手に安心感を与えられ、そのうえ、「なるほどこの人は、信頼のできる人だな」と思ってもらえる。

信頼というものは、こういう積み重ねで得られるのです。

これはビジネスの基本中の基本です。しかし、誰も教えてくれない。言っても、なかなかそうかと気付かない。不思議なことです。

きっとやったことがないからでしょう。やってみてください。

18 「鞄を持ちます」と二度言う理由がわかりますか？

案内をするお客様が鞄などの荷物を持っていたらどうしますか。

やはり忖度してください。「鞄をお持ちします」と申し出るのです。

お客様は遠慮して、「いいえ、結構です」「自分で持ちます」と言うでしょう。

いったん、あなたは断られるのです。

しかし、ここで引き下がってはいけません。

なぜお客様が断ったかを考えてみてください。逆の立場に立ってみればいい。

お客様は、あなたに鞄を持たせたくなかったのではなく、単に遠慮しているのです。

一度断られたあなたのとるべき行為は、もう一度「鞄をお持ちします」と言うことです。

人間、特に日本人は、二度言われると「それなら」「そこまで言うのなら」となります。

「持ってもらうなんて悪いな」という遠慮は捨ててもらいます。その代わりに、「持ちたいと言っているなら、**持たせてあげよう**」という気持ちになってもらうのです。

二度言うことで、相手の負担は軽くなります。

そしてあなたは、お客様の役に立てるのです。

大事なのは鞄を持って、実際に**相手の役に立った**という事実です。一度言っただけで断られては、何も言っていないのと同じ。

鞄の話は一例です。何事も、一度は断られるものだと心得てください。そして相手の役に立つことを、どんどん申し出てください。

19 話を聞いたら、相手が望む反応をしなさい

昔、失敗をしたことがあります。

幹部として勤めていた会社が経営難に陥り、非常に厳しい暮らしを余儀なくされた時期です。かろうじて社員には給料が出ているけど、私たちへの給与はストップしていました。お金がないので、毎日、質素な弁当を作って持っていく。

社員の前でそれを食べると心配をかけるから、私は先輩と、二人でパーティションの奥で食べる。

するとそこで先輩が、

「俺の今日の弁当は200円で作った。お前はどうだ」

と言いました。

そこで私は素直に、特に何も考えずに「100円です」と言ってしまった。

言ってから、「あー、しまった」と思いました。

なぜだかわかりますか。

先輩は別に、私の弁当の材料費を知りたかったわけではないのです。

では先輩は本当は何をしたかったのか？

貧乏自慢をしたかったのです。

その先輩の思いを理解していれば、私は「100円です」などと言うはずがなかった。

「それはすごいですね。どうやって200円に収めているんですか」と言わなければならなかった。

私が相手の立場を考えない返事をしてしまったことで会話が途切れて、とても気まずかったのです。

せっかくこの本を読んでいるみなさんには、私と同じような失敗はしてほしくないと思います。

さきほど、「振り返る」という行動が安心感を与え、それが信頼につながるということを書きました。これは、歩くときの話ばかりではありません。

話を聞くときでも、同じことが言えるのです。

人の話は、ただ漫然と聞いていてはダメ。相手の望まない返答をするのもダメ。

〝**相手はどういう風に聞いてほしいと思っているのか**〟を、よく考える。

相手は自分に、笑ってほしいのか、驚かせたいのか、神妙になってほしいのか。

これを感じられることが、コミュニケーションのスタートです。

そして、相手の思いが見えたら、相手が望むリアクションをします。

笑うのか、「えーっ！」と声をあげて驚くのか、眉間にしわを寄せるのか。

表現をしないと、どう話を受け止めているのか、相手に伝わりません。

無表情で話を聞いたり、ポーカーフェイスを装ったりするのは、本当に馬鹿者のすることです。鼻をあかしてやろうとか挙げ足を取ってやろうなどと思うことがあったら、何のためにそうするのかを立ち止まって自問してください。

感情表現とは、自分のためでなく**相手のために**するものです。

自分がどう思ったかよりも、相手がどう反応してほしいと思っているかを考え、優先させる。

これが基本中の基本です。

20 メモは自分のためではない

自分は記憶力がいい、頭がいいと思っている人こそ実践したらいいと思うことがあります。

多くの皆さんは、私より学歴があるでしょうし、大学で勉強されているから頭もいいと思うのですが、メモは何のために取るか、知っていますか。

忘れないため、覚えておくため、あとから見直すためなどという答えが返ってきそうですが、それは全く甘いです。

メモは、自分の記憶のためだけにとるものではないのです。

昔、驚くほど記憶力のいい部下がいました。

彼自身は、話の内容はすべて頭の中に入っていて、メモを取る必要は全くありませんでした。しかし、私は「人の話を聞くときは必ずメモをとれ」と言いました。

なぜか。

それは、いくら話の内容が自分の頭に入ったとしても、その、頭に入ったという事実、「私にはわかりました」ということは、話している相手には伝わらないからです。

手帳やノートを取り出して、さっと書くというのは「あなたの話を覚えようとしています」「そしてそのためにこうしています」という意思表示です。

つまり、**メモは、相手への配慮。**

だから、話を聞くときには、必ずメモをとれと言うのです。

私も時々、ぼーっと話を聞いてしまうことがありますが、「あっ」と思った時にメモをすると、先方にとても安心した顔をされます。

メモは自分のためだけにとるものではありません。

それは「相鎚《あいづち》」の一種なのです。「なるほど！　確かにその通りですね！」というメッセージです。

とはいえ、メモばかり取っていてもだめです。

その日の話で、一番盛り上がったところで「参考になります」などと言いながら、書く。

そうすることで、相手は安心します。ポイントが相手にちゃんと伝わったなと思ってもらえます。

相手に対して、あなたが口に出して「私はちゃんとした人間です」「あなたのことを真剣に考えています」と言ったところで、だれも信頼しないでしょう。しかし、それを〝メモをとる〟という行為で示すこと、示し続けることで、相手にしっかりと伝わるわけです。

21 毎日、上司のために茶柱を立ててお茶をいれる人

二つ、参考になる話があります。

一つ目は、ある女性が入った会社の話。景気が悪く、暗い印象だったそうです。

彼女はその雰囲気を「よくない」と思って、毎日、上司にお茶をいれるようにした。「お茶をどうぞ」「ああ、気がきくね」などという会話が生まれます。上司が湯呑《ゆのみ》の中を見ると、茶柱が立っている。

しかもそれが、二日も三日も続く。

そうすると、上司も気がつくわけです。「これはわざとやってるな」と。

彼女はそれでも毎日毎日茶柱を立てる。気遣い、配慮です。

するとやってもらっているほうも、そういう気遣いにこたえたいと思って、だんだん明るくなってくる。

ここで、彼女が受け身一辺倒の人間であればどうだったと思いますか。

「うちの会社って暗くって」と愚痴を言うだけの人なら。

ずっと暗いままの職場だったでしょう。

「なんだ茶柱か、そんなことか」と思いますか。

しかし、〝そんなこと〟すらできない人のほうが世の中にはずっと多い。

茶柱以前に、上司のために、お茶を自発的にいれ続けることができない。

彼女は、現在は経営者だそうです。

もうひとつ、自転車屋さんの話も参考になるでしょう。

自転車屋さんで働いている若者がいました。

彼の担当はパンク修理。自転車を預かり、500円とか1000円とかの代金でパンクを直すのが仕事です。

ところが修理以外のこともやるようにした。修理を終えた自転車の、スポークからタイヤまで、ぴかぴかに磨き上げてお客さんに渡すようにしたのです。

「どうしたの」と聞かれたら、「時間があったのでやっておきました。自転車好きなので」と答えるわけです。

こういうことをしていると、段々とお土産を貰《もら》えたり、人を紹介してもらえたりして、パンク修理以外にもできることが増えていく。

この若者も立派な経営者になったという話を聞きました。

ただの自転車屋のおにいちゃんのまま、生きていくこともできたでしょう。

けれど、誰に言われたわけでもなく、そうやって自発的に前向きに頑張ることによって、自分の人生を切り開いたのです。

だから、どこの会社に就職したかは、たいしたことではない。

与えられた場で何をしていくかで、自分が決まっていくのです。

そしてこの二つの話は、**ギブし続ければ、かならず引っ張り上げてもらえる**という、いい例にもなっています。

22 「合う」「合わない」で判断するな

学歴が重視される世の中です。しかし私は、経験がそれに匹敵する武器になると信じてやってきました。若い人にもそう言っています。

これは、**誰もが武器を持てる**ということでもあります。ここで志が低いと、「自分だけが強くなるのは無理」と考えるようになるのです。

すると「自分だけが優れているのに、評価されないのは周りの人たちのせいだ」となる。そうすると「あの人とは生理的に合わない」などというふざけた言い訳が出てきます。

典型なのが「なんか合わない」。

学生でも社会人一年生でも、言います。

きっと恵まれた環境で、大事に育てられてきたのでしょう。辛いもの嫌なものは自分から遠ざけて、触れないようにしてきたに違いありません。

何様でしょうか。

「何を上から目線でチェックしてるんだ、ずいぶんと偉そうな物言いをするな。リトマス紙か、おまえは」、そう聞いてみたくなります。

携帯電話のメモリーをチェックしてみてください。

好きな人しか入っていないでしょう。

しかし、社会ではそうはいかない。

取引先、上司、同僚、いろいろな人がいます。でも、どんな人とでもやっていかないとなりません。

合う合わないは、好き嫌いです。

それを別の言葉でごまかしている。

そして、好き嫌いだけでやっていけるほど、世の中は甘くありません。好きな人とだけ付き合って、嫌いな人とは話もしたくないのであれば、一生学生を続けるか、家にでも引きこもって携帯電話でだらだらしゃべっていたらいい。

社会に出ると、携帯にメモリーしたくない人たちとも付き合っていくことになります。

合う、合わないなどと言って、偉そうに好き嫌いの分類をしている暇はありません。

〝どうしたらこの人とうまくやっていけるのだろう〟と考え、いいところを探してみたり、こちらの接し方を変えたりと、なんらかの努力をするべきです。

23 早くばれてしまいなさい

そういう謙虚な気持ちがあれば、行動も変わります。

まず返事。

「はい」がきちんと言えていない人が多い。本当に多い。

何か言っても「はあ」とかいきなり「それは」などと言い出したりする。

心当たりがある人は少なくないと思います。

まずはこの「はい」がきちんと言えないとまずい。

挨拶は「おはようございます」「お先に失礼します」「こんばんは」とか。「いただきます」「ごちそうさまでした」もそう。

「そんなの基本だよ、わかっているよ」と言われそうですが、実際にできているか確かめてもらいたいです。

あとは、脱いだ靴は揃《そろ》える。これは次の人のことを考えれば自然とそうなるわけです。レストランや居酒屋なら、帰る前に自分が座っていた椅子はテーブルの下に入れる。

これが配慮です。

こういう心の部分がなくて、うわべだけやってもダメです。

心の部分の究極が人間性になってくるわけですから。

テクニックで挨拶や返事をしたり、何か片付けてみたところで、無駄です。経験の豊富な年上の方からしてみたら、全部、お見通しです。

うわべだけやっても、年上の人から見れば丸わかりなのです。

これは30歳のころ、自分より若い人たちを見ていて気づきました。

そしてこう思いました。

「自分のような30歳ですら、経験を積んだから、ある程度人を見抜けるようになってきた。ということは、50歳、60歳、70歳、年配の人はもっと人を見抜く力がすごいに違いない」

ならば、うわべを保つことに一生懸命になっても意味がない。

ばれてもいい、そのまま知られていい、立派な中身を作るしかありません。

そうやって中身を作って、磨いて、つまらないうわべは早くはがして本当の姿がばれたほうが、こちらもずっと気が楽です。

早くばれてしまいなさい、とはそういう意味です。

本音はみんながお見通しです。

自分だけはうまく取り繕《つくろ》っていけると思っているなら、その考えは捨てろ。

必ず失敗します。

大人をナメたら怖いのです。それを肝に銘じてください。

第4章

ここまでやれば
頼みを聞いてもらえる

24 「教えてください」と言ってはいけない

のらりくらりとやってきた若い人が、突然放り出された社会で一人でやっていくなどというのは、到底無理です。

他人の力を借りる必要があります。

私も、いろいろなことを頼み、受け入れてもらい、それを繰り返してここまで来ました。

そこで学んだのは、誰かに何かを頼むときには、言い方があるということ。

よく「教えてください」という言い方をする人がいる。

これは、してはいけない頼み方です。

「何がわからないかもわからないから、全部教えてください」と受け取られてしまう。

これは、損です。

最悪なのは、「どうしたらいいでしょう」。完全に相手に頼り切っている。こんな頼み方をしたら、自分で考えろと言われて終わりです。

ものを頼むときに「それはお前が楽をしたいからだろう」と誤解をされたら、もったいないし、損です。

では、ものを頼むときにはどう言ったらいいか。楽をしたいというなまけ心で言っているのではないということを、どう伝えるか。

「知恵を貸してください」と言うのがいい。

「教えてください」とあまり違いがないと思うかもしれません。しかし、言われる側にしてみれば受ける印象が全然違う。

「知恵を貸してください」という台詞《せりふ》は、努力の土台がないと言えません。「ここまでやってみたのですが」「自分なりに考えてみたのですが」という前置きが感じられます。努力した上で、さらに高いハードルを越えたいから教えてほしい、という前向きで高い志を伝えることができる。

もちろん、実際に努力をしてからしか、人にものを頼むことはできません。厳しいことを言うようですが、それが世の中の現実です。

25 「頼みやすい人」に頼んではいけない

ただ、「知恵を貸してください」と言いさえすればいいかというと、それは大きな間違い。

必死であることをアピールして、

「どうしてもやってもらわないと困ります」

「何が何でもお願いします」

という言い方をしては、絶対にダメ。これでは相手を追い込んでしまいます。こうなるとたいてい、「こっちの都合も考えろ」と話が変な方に行ってしまいます。

熱心ならいい、というものではありません。

ではどうするか。

人間は、どんな些細《ささい》なことでも、相手の頼みを断るときには胸が痛むものです。

皆さんも、胸が痛んだことがありませんか？

ものを頼んで、その結果、断られたら嫌だなと思うのと同じくらい、いや、それ以上に、断らなくてはならない側は、「断るのは嫌だな、申し訳ないな」と思っているのです。

ならば、その、相手が抱くかもしれない痛みを少しでも和《やわ》らげるようにして、お願いすればいい。

たとえば、

「お忙しいところすみませんが」

「無理なら結構ですが」

と、相手への配慮を示す言葉を付け加えればいいのです。

「難しければ、はっきりそうおっしゃってください」

「ダメモトでお願いするのですが」

と、〝断ってくれてもいいんですよ〟という意思を表示するのです。

相手から下手に出られると、人間、「そんなに遠慮するなよ、話くらい聞いてやるから」という気持ちになるものです。

最優先させるべきは、**相手の立場**です。

相手の立場を考えて、ものを言わないとダメです。

そしてもう一つ重要なのは、誰に頼むかということ。

ちょっと、周囲の人を思い出してください。頼みごとは誰に持ちかけたいか、考えてみてください。

優しい人、話しかけやすい人、近くにいる人、いろいろあるかもしれません。

でも、一番頼りになるのは「**仕事のできる人**」です。

そういう人こそが、力になってくれる。

仕事ができる人とは、つまり忙しい人です。

一見頼みごとをしやすそうな、暇な上司や同僚には、残念ながら助けるだけの力がないと思ったほうがいいでしょう。

それでもまだ、誰に頼んだらいいかわからないですか。ではそれも、「誰に頼んだらいいでしょうか」と、一番忙しそうな人に聞いてください。ここで遠慮するのは見当違いです。

忙しい、仕事のできる人は、だれに何を頼んだらいいかの情報も、しっかり持っています。

26 人は大義で動く

「よし、やってやろう」と思ってもらえないと、頼みごとは引き受けてもらえません。

何かを頼まれると人間は、「何のためにこの人を助けるのか、そうする必要はあるか」を、意識/無意識を問わずに考えています。

どんな行動も、**大義が**あるほうが、動きやすいのです。

〝助けてやるだけの理由がある〟と納得できれば、人はどんな依頼でもひきうけます。

では、どうしたらその理由が「ある」と思ってもらえるか。

私が起業したばかりのころは、十分なお金もなく、社員総出で道のゴミ拾いなどをしていました。それくらいしか、世の中のためにできることがなかったからです。

それが、続けているうちに、都から感謝されるようになり、その後の人脈にもつながっていきました。

その1年間で配った名刺のうちの1000枚は、自分でどこかに営業に行ってばら撒《ま》いたわけではありません。私たちの活動を知った方々が、政治家や役人などに人脈を広げてくれたのです。

「紹介してください」とはひと言も言っていない。できることを一方的にやっていたら、自然とそうなったのです。

つまり、「こいつは自分の儲けやメリットを求めているのではなく、**社会や世の中のためになること**をしたいらしい。それなら力を貸してやろう」と思ってもらえたということです。

もっと言うと、「こいつには、助けてやるだけの理由があるな」と思ってもらえたのです。

だから、人にものを頼む時には、それまでに、自分がその人に対して何をしてきたかが問われると、私は言っているのです。

「自分は若いからダメ、何の役にも立てません」という人もいます。

私も昔、そう考えていたこともあります。しかし、「そんな自分でもお役に立てないか」と考えると、できることは数え切れないほどある。

たとえば荷物を持つ、コピーを取る、その他にも普段から相手の役に立つことを「はい、わかりました」とやっておく。「ちょっとこれやってくれ」と言われたら、面倒だなとか嫌だなと思わずに、嬉々《きき》として取り組めばいい。

そして、その場で見返りは求めません。

ギブ、ギブ、ギブ、です。

上司や周囲のために、**ほかの人が嫌がるようなこと**でも、進んで頑張ってやっていくのです。すると、ものを頼んだ時に「いいよ」と言われる確率はぐっと上がります。自分だけが楽をしたいわけではないということが、それまでの行動を通じてわかってもらえているからです。

大切なのは態度で示すこと。示し続けること。

ひとつひとつは面倒かもしれません。こんなことをして何になるのかと思うこともあるかもしれません。しかし、結局のところはこれがいちばん近道なのです。

27 頼んだことを忘れられたらどうするか？

頼みごとは、一度して終わりではない。

忙しい人の前には、いろいろなことが山積みになってるのが普通です。

若いうちはなかなか気がつかないかもしれません。しかし、どれだけ仕事ができる人でも、もの忘れはします。

頼んだことを忘れられてしまい、その結果、二、三日返事がないなどということもざらにあります。この段階で引いてしまう人が多いですね。

しかし、ここで諦めてはダメ。

頼むことはゴールではない。頼んだことをやってもらえたら、ゴールです。

そもそも、この人に力を借りたい、仕事を頼みたいと思わせるくらいの人に、一度受けたことをほったらかすような人はいない。

「無視された」「忘れられた」とうじうじするのはもってのほかです。単純に、**「依頼ごとは忘れられてしまうもの」**と考えておけばいいのです。

もの忘れは、誰を責めたところでなくなるものではないのですから。

もし、頼みごとをしてから二、三日たっても、これといった返事がなければどうするか。

「あの件はその後どうなりましたか？」

「いかがでしたでしょうか？」

と確認をしてみればいい。それだけのことです。

間違っても、責めるのではありません。

するべきことは、確かめる。これです。

もしかしてお忘れではないですか、という姿勢で臨む。

これをせずにあきらめては、最初から頼みごとをしないのと同じことになってしまって意味がない。

忘れられているようなら、相手に配慮しながらもせかすチャンスを得たことを、神に感謝してもいいくらいなのです。

というのも、「どうなっていますか」と確認をすると、その忙しくて忘れてしまっていた人には罪悪感が生まれるからです。

「ああ、待たせてしまったな、悪いことしたな」と。

これはチャンス。

こうなると、ほかのことを後回しにして、こちらの頼みごとを先にしてもらえるようになる。

人間の心理とは不思議なもの。

だから、一度頼んで受けてもらえたからと安心してはなりません。やってもらえそうにないからと放置するのも間違っています。時間をおいてから、もう一度確認をする。忘れられていたら、促《うなが》す。これが本当に大事だと思います。

28 断られたときは、こう考えなさい

頼みごとは、断られることもあります。

しかし、人に頼んで断られるという経験も大切。

なぜ断られたのかを真剣に考えるいい機会です。

どんなタイミングで、何をどこまで頼んでよさそうなのかは経験で学んでいくしかないので、そのチャンスを得たと考えるべきです。

断られたからと言って、へこむ必要はありません。信頼を得ていたならば、断られたのは、その人がとても忙しかったからとか、間が悪かったからとか、たまたまだとしか

考えられないからです。

ここでしょぼんとしてしまう人が実に多い。打たれ慣れていないからなのでしょう。でもそんなときこそ、ぐずぐず悩んでいる暇があったら別の人に頼みに行くくらいの気概を見せてほしい。

野球のトレードはそのいい例です。

あるチームでは、お前はいらないと断られる選手がいます。

しかし、別のチームに行くと、結構活躍することがある。

これは、タイミングとか縁としか言いようがない。

こういったことは世の中にたくさんあります。

また、これはある女優さんの話。

いくつもオーディションを受けるのだけれど、なかなか受からない。芝居の稽古《けいこ》は一生懸命やっているし、ボディメイクにも力をいれていても、です。

彼女はそこでこう考えた。

「今回は**たまたま相手が必要としていなかった**だけだ。オーディションを回っていれば、いずれ自分を必要とする人にめぐりあえる」

図太いですか、自意識過剰ですか。

私はそうは思いません。

むしろ見事じゃないですか。いちいちくよくよしないこと。これです。

萎縮《いしゅく》して、その人間関係を閉ざす必要はない。

たまたま今回はこうなんだと受け止め、必要以上に落ち込むことはしない。

とにかく、頼むことから逃げないこと。

どんどん頼んでみればいいんです。

その女優さんは、今は押しも押されもせぬ大スター。そういう風に世の中は回っています。

29 報告をしないと、どんな結果になるか

頼んで、受けてもらって、ことがうまく運んだとします。

すべてがうまくいかなかったとしてもいい、一部でもいいから「こういう結果になりました」という報告はしておかないと絶対にまずい。

相手の立場を考えれば、報告しないなどという選択はありません。

というのも、報告にはお礼がつきもの。

「おかげさまでこのようにうまくいきました。ありがとうございました」

そう言ったら、相手はどう返してくるか考えてみればいい。

「な、俺が言った通りだろ」なのか「まあ、そんな大したことないけどね」なのかはわかりませんが、必ず満足してもらえる。

よくある話ですが、相談された側に先に「あれどうなった?」と言わせてしまい、その場で「あ、うまくいきました」などと返事をしても、満足はしてもらえない。

むしろ、「お前、それくらいのこと報告しろよ」と言われ、もう二度と協力するもんかと思わせてしまう。これは大きな損です。

報告一つあるかないかで、ここまで相手に抱かせる感情が違うわけですから、やっておいたほうがいい。

誰しも、頼られた自分が役に立ったと知れば嬉しいものです。

じゃあ、もっとこの人の役に立ってやろう、力を、知恵を貸してやろうという気持ちになる。**引っ張り上げてやろう**と思ってもらえる。

こうなると本当に心強い。

こちらから何か頼んだことはもちろん、向こうから「これはどうだ」「やってやろうか」とどんどん声をかけてもらえるようになる。よいスパイラルに突入できる。

そのうちに、「こいつを応援したら面白い」と思わせたらしめたものです。段々と、忙しさや金銭など関係なくなってくる。

私はそうやって、いろんな人の力を借りて、ここまでやってこれました。

だから、まずは怠《おこた》らず、必ず報告をすること。

報告をすることで相手の満足な表情を見ることが、あなた自身の満足にもつながってきます。

感謝の気持ちをこめて報告をする。それで結局、将来的に得をする。そうわかっているのに、将来のための最初の一歩を面倒がるなどというのはまったくありえません。

報告をしないというのは、相当にまずいことです。

第5章

まずは上司を勝たせなさい

30 「上司を勝たせたい！」が上昇気流を引き寄せる

私は大企業で働いたことがありません。私が働いてきたのは、小さな会社ばかりです。

そういう環境では、誰かがさぼるとすぐ経営に悪影響がでる。

会社にぶら下がって生きようなどという甘い考えの人は排除され、いなくなります。

教材の販売会社では、私はトップ営業マンになろうと、それこそ口が裂けるまで努力しました。そして実際にトップになりました。

結果を出す人の中には、「よし、これだけの実力があるのだから、よそで活躍してもっと稼いでやれ」と考える人もいるでしょう。その気持ちも理解できます。

でも、私はそうは思わなかった。

20歳のころです。そのころ代わったばかりの上司は大変な人格者でした。食事を御馳走してくれたり、自宅に招いてくれたり、ゴルフもやらせてくれたりと、あまりにもいい人でした。

そのせいなのか、営業成績がなかなかあげられなかった。

そこで私は、「仕事でこの上司を男にしてやろう」と思いました。

思ったその日から、感謝の気持ちをもって仕事に取り組みました。

それまでは営業成績がずっと最下位のチームでした。しかし、私たちの努力によって、あるときついに一番になりました。

上司はとても喜んでくれました。

その姿を見て、本当にうれしかったのを覚えています。

実はその前に、小さなトラブルを出していました。

私はその上司とともに減俸されていました。

だからより一層、「なんとしてでも勝たせたい」と思ったのです。

そして上司を勝たせると、自分が勝つよりも嬉しいことを知りました。

野球でもよく聞かれる台詞です。「自分が勝利投手になるよりも、チームが優勝し、監督を胴上げできたときのほうが嬉しい」というのに近いでしょう。

そしてその嬉しさが、また次の結果につながる。

現在私は社長なので、上司はいません。

それでも勉強会でお世話になっていたり、顧問を引き受けていただいたり、上司に近い存在の目上の方々は大勢います。

そういう方々は、たいへん深刻に日本の将来のことを憂いています。社会や政治、国際関係の中での日本のあり方を心配されている方が多い。

そこで、〝じゃあ、我々が頑張って勉強して、日本のことを考えようじゃないか〟という姿勢を見せると、これは私たちが想像するよりも、はるかに嬉しがってくれる。

わかりますか。そういう人たちにしてみれば、若者が元気なこと、「日本も捨てたもんじゃない」と思えることが、嬉しいのです。

日本の将来を一緒に考えることと、私の仕事である人材育成とは、直接の関係はありません。しかし、目上の人に喜んでもらえることは、やっていかないとならない。

これも昔から私の中にある、目上の人を勝たせるという考えです。

こういうことをしていると、自然と上から目をかけてもらえ、引っ張り上げてもらえる。

自分だけで必死になって這い上がる必要はない。楽です。

このことは、ずっと実感しています。

さらに、誰かのためだと思うと、バンッと力が出て、頑張れることがある。

さっきの野球のたとえもそうでしょう。勝たせたいという欲求は誰にでもあるはずです。

31 上司から見えるところで練習をしなさい

上司を勝たせるには、自分が強くなる必要があります。

そのために大切なのが練習です。例えば営業なら、話し方のトレーニングが欠かせません。

でも、ただやるだけではダメ。練習にはキモがふたつあります。

日本人はつい、努力は隠れたところでやるのが美しいと考えがちです。しかし、それでは効率よく上達しません。

努力は、**上司のいるところ**でこそ、すべきです。

私はそうしていました。上司が横にいるところで、声に出して「こんにちは、室舘と申します。今お時間よろしいですか」とやっていました。

みっともないとか恥ずかしいとか、そういうことは言っていられません。

その場でちょっとした恥をかきたくないのか、仕事ができるようになりたいのか。目的はどっちなのかを、忘れてはなりません。

そうやって練習していると、必ず上司がダメ出しをしてきます。

ここがポイントです。どこが悪いかがわかる。そうしたらそこを直せばいい。

注意されるということは、うまくなるための入り口なのです。

これを、誰もいない会議室や自宅で隠れてやっているようでは、うまくなりようがありません。人の目から逃げようとすればするほど、上達する人との差が開いて、一層つらく、苦しくなっていきます。

上司から注意をされるときに、心得ておくべきことがあります。

よく、結果が伴っていないのに、「やったつもりです」「そうは指示されていなかったはずです」と言う人がいます。

はっきり言って、これは言い訳です。

やれていないから、指示されていたから、上司はあなたに注意をしているのです。

「やった」か「やっていない」か、または「指示されていた」か「指示されていなかった」かしかないのです。

上司にしてみれば、「つもり」「はず」といった言い訳を聞かされる筋合いはありません。

言い訳は、あなたの評価を下げることはあっても、上げることはありません。

「私の認識が間違っていました」「確認が足りませんでした」と潔く、自分の非を認めてください。

あなたに落ち度がなくても、です。

上司の思い違いという可能性もあるでしょう。しかし、先に謝る。

すると上司も、「いや、俺も指示が甘かった」「はっきり伝えておかなかった」と、態度を柔らかくしてきます。

なぜだかわかりますか。先に謝られると、謝りやすくなるからです。

言い訳せず、まずは謝ることを覚えてください。

あともうひとつ、練習について言えることは、「自分よりうまい人と組め」ということ。

気楽だからと下手な人や同じくらいの人とやっていてはダメです。

そんなことでは上達しない。

よく、上司や先輩が苦手だからと言って、同僚や部下ばかりと行動したがる人がいます。そんなことをしてもまったく無駄です。意味がない。

上の人と付き合うのが苦手、それだけはやりたくないという人がときどきいます。

しかしそれこそ率先してすべきことなのです。勘違いはほどほどにしたほうがいいと思います。

32 本物の力をつけるための本の選び方

書店へ行くと、たくさんの本があります。

これまで、どういう理由で本を選び出してきましたか。

大きく宣伝されていたからですか。流行だからですか。有名人が書いているからですか。逆に、何を読んでいいかわからないから手当たり次第に読んでいる、というようなことはないですか。

私の周りにも実際に、そういう若い人が大勢います。

しかしそれはどれも、とても効率が悪い。

私は、社会経験の乏しい若い人が、自分で自分に必要な情報を選ぶことなどできないと思っています。

何か理由をつけて選んだとしても、そこに書かれているものが本当に正しいものなのか、自分に必要なものなのか、判断できるわけがありません。

そういう時はどうするか。

周りを見てみてください。そこに上司がいるでしょう。

上司に教えてもらったらいい。**「何を読んだらいいでしょう」**と聞いてみたらいい。

または、上司が読んでいるのと同じ本を読んでみる。

その会社で上を目指して、偉くなっていきたいなら、上司を飛び越えて、社長が勧める本を読む。

社内にこだわる必要はありません。尊敬できる人、目標としたい人がいれば、その人が勧める本を読めばいい。父親を尊敬しているなら、父親に教わればいい。

教えてもらった本を読み終えたら、また別の本を教えてもらう。

それを繰り返しているうちに、「この本はお前に向いているから読め」と、向こうから教えてくれるようになります。

何度も書くようですが、私は高卒です。

そこで自分の学業は終わっています。

ですから、「いろいろ勉強が必要だな」とずっと自覚してきました。少しでも上の人と付き合うようにしてきました。

そうやって、自分よりも多く経験をしている人から、いろいろなことを教わってきました。それが今に生きていると思います。

「自分は大学を出たからもう勉強は十分だ」と、「教わることは何もないんだ」、そう思う人はそこで終わりです。

世の中には自分より年上で、いろいろなことを知っている人がたくさんいるわけです。だからそういう人に、どんどん教わるようにすべきです。

第6章

「成功者前提主義」で行け

33 嫌いな上司に当たるのは「設定」です

どうしても嫌な上司、嫌いな先輩は、無理して勝たせる必要はありません。勝たせたくないものは勝たせたくない、それは仕方がないことです。しかし**どうして嫌いなのか**、何で嫌なのかは、しっかり考えておく。なんのためか。

反面教師にするのです。将来自分が上司になった時に、そうはしないという、参考材料として受け止めていればいいのです。

そのときはその上司のもとで働くのが辛くても、そういう「設定」なんだと思えばいい。

「設定」とはつまり、ゲームのようなものです。「今はこういう条件でプレイしているんだ」と割り切ればいい。

イライラしたって意味がない。イラつく自分のエネルギーがもったいない。せいぜい「今日は、機嫌悪いな」とか「胃が痛いのかな？　歯が痛いのかな？」とか、その程度にしておきます。当たらず障らずの付き合いをしながら、自分の今やるべきことをやる。

そういうふうに切り換えて、私はやってきました。

基本的には上司を勝たせるのですが、どうしてもイヤな場合は、別なのです。

何でも勉強です。

こういう「設定」で勉強してるのだ、と思えばいい。

ではその「設定」は自分で変えられるかというと、変えられません。

ご先祖さまでも神様でも仏様でも運命の女神でもなんでもいいのですが、自分の力の及ばない、目には見えないものが、**何か今の状況を「設定」しているん**だと思えばいいのです。

自分の力では「設定」は変えられませんが、その「設定」が一生続くこともありません。

これはいつか抜けられる、今だけの、期間限定のイベントなのだと、自分で自分に言い聞かせるのです。

私も、つらかった時期はかなり意識的にこう思い込みました。自分で自分にミーティングし、自問自答をしました。

「今のこれは、どういうことなんだ?」「設定だよ。誰かが決めたんだから仕方ないし、そのうち終わるよ」とやっていました。

34 成功することは、はじめから決まっている

よく聞く話に、コップに水が半分入っているところを想像しろというものがあります。それを「半分も入っている」と思うか、「半分しかない」と思うかという話です。

私は、「両方を想定しておかないといけない」と考えています。

調子がいいときは「意図的な危機感」を持つ。コップに水が半分しかないと思う。逆に調子が悪いときは、水が半分も入っていると受け止める。これが「**意図的な楽観**」です。

人生で最悪の時期に私がやっていたのは、この「意図的な楽観」でした。

貯金がどんどんなくなって借金を抱えても、意図的に楽観をしているから、なんともない。

私が楽観的になれたのは、将来成功することがわかっていたからです。

自分が成功すると知っていたからです。

先輩に、そう刷り込まれていたのです。

その先輩はそれを「**成功者前提主義**」と言っていました。

成功者になることがあらかじめわかっていて、今はそのための道のりを歩んでいる。今どれだけ苦労をしていても、それは将来の成功のためのステップにすぎない。そういう「設定」になっているという考え方です。

勝つことを前提に生きているのです。

そのうち勝つと決まっているのですから、今は、勝ってから使う〝苦労というネタ〟を集めているだけ。そう教わりました。

だから、どんな苦労も、全部、楽しんで乗り越えられるのです。

目の前のことでくよくよして、「もうダメだ」「終わりだ」と決めるのは、浅はかとしか言いようがありません。

その先に何があるのか、将来自分はどうなるのかをしっかり決めておけばいい。それだけのことです。

35　給料が止まっても、将来のネタと思いなさい

この成功者前提主義でいけば、たとえば「給料が止まった」という話も格好のネタに

なります。

営業でトップになって、個人的に少し豊かになったのは20歳のころです。

しかし、会社の経営が危なくなってきて、給与の支払いがストップしました。

２００人以上いたスタッフがどんどん辞めていきます。毎日10人以上のペースです。

自分でするのもおかしな話ですが、残る人間は、お人よしか馬鹿者かのどちらかでした。

最終的に17人になってしまいました。

それで私は管理職になりました。

辞めようとは思いませんでした。

そのかわり、売れるものは全部売りました。

引っ越しもしました。家賃9万2０００円のマンションから、2万3０００円の風呂なしアパートに移りました。

給料は1年半止まりました。それでも辞めませんでした。

会社を辞めてバイトをかけもちすれば、月20万の収入にはなると言われていた時代です。しかし、それでも会社に行っていました。

その「ヤバい」としか言えない状況を楽しめていたからです。

伝記を読んだことがありますか。

偉人というのは大抵が相当な苦労を経験しています。そしてその先に成功があるから、読んでいる側は感動するのです。

平凡に育ってきた私にとっては、あの頃の金銭的に苦しい状況は、「ああ、**将来の本のネタだ**」と思えました。「これは将来、講演で話してやろう」と、うれしくなっていました。

その頃から、自分の中では、いつかは社長になって大勢を前に話をしているイメージがありました。

壇の上に立ってマイクに向かって「私は何不自由なく、とんとん拍子で上がってきた」と話をしたらどうだろうかと考えました。何一つ苦労していない人が主人公の伝記は、読んでいてもちっとも面白くないのと同じです。そんな話に誰が感動するものか。そう思いました。

そうすると、今直面している苦労は、後々《のちのち》成功する自分には必要なものだと思えてくるわけです。

成功者前提主義で行くとは、こういうことです。

他人に野望を見せるということではありません。むしろそれはダメなやり方です。

個人的な野望に燃えていると、なかなか周囲の協力が得られないからです。

日本では、「お金、お金」と言っていたら、受けない。信頼を得られない。

だからあまりそういう私欲まがいの野望は持たないほうがいいし、もしあったとしても見せないほうがいい。

代わりに抱き、高く掲げるべきもの、それは**志**です。

社会のために貢献したい、そういう気持ちでいればいいのです。すると、いろいろな人から引っ張り上げてもらえるし、自然とお金もついてきます。

第7章

会社が教えてくれない
ホンモノのスキル

36 口だけの、評論家になっていないか

私のセミナーに通ってくる若い人に、「企業から見た良い社会人とは」といったテーマで15分ディスカッションさせることがあります。

すると、いろいろと意見が出てくる。みんな立派なことを言います。

ではそれができるのか、やれるのか。私はよく、そう指摘します。

すると、みんな黙ってしまう。

できないことを言っているケースがどれだけ多いことか。

偉そうなことを口で言えても意味がありません。目の前の仕事がきちんとできないと、発言権もないまま地位も給料も上がりません。

何か言いたければ、与えられている仕事に一生懸命取り組み、次から次へと仕事をもらって、役割ももらって、上の立場になるしかない。

ですから、会社に入って心がけることは、汗をかくことです。

やれることは何でもやる。その心意気です。

努力してなんとかなることで手を抜くな。一生懸命やれ。

一般的に頭が切れると言われる若者は、会社の経営方針や事業部の方針といったものについては議論ができる。その一方で、**目の前にある、今すぐにできることをやっていない**。それがあまりに多い。

要するに、口だけの、ただの評論家になっているのです。

感想文を並べているだけで、自分では何もやっていない。

たとえばテレビを見ていると政治家がいろいろと出てきます。

それを見て「この国はダメだ」とか「政治が悪い、何が悪い」と言うのは簡単です。

しかし、言いっ放しにしている人に限って、結局自分では何一つやってない。下手すると投票にも行ってないことすらある。

口だけの新人というのは、それと同じです。見ていてこんなに滑稽《こっけい》で、みっともない存在はありません。

目の前にある、できることからやる。

遠回りに見えて、結局のところはそれが一番の近道です。

37 スーツを着ていては見えないものがある

人間にはいろいろな面があります。「言われるまでもないこと」と思うかもしれません。しかし、頭では一人前にわかっているつもりでも、自分で体験するかしないかで全然違います。

たとえば、会社で間違い電話をかけてしまったらどうしますか。

その対応で、人間としての力が問われます。

「すみません、間違えました」で切るのは、〝頭の中だけ〟での一人前です。詫《わ》びるのは当然のことです。そこから、発想を転換してください。

せっかくその相手とつながったのですから、そこで何か話してください。

「最近いかがですか」「今度新しい企画を持っていってもいいですか」でも何でもいいのです。

意外とこういうところから、新しい話が生まれてくる。

「間違いついでに」でいいから、**そこでしか得られない実体験**を積むようにするのです。

頭の中だけで考えていてもダメです。パソコンの前で黙って座っていたって、実体験はできません。

そもそも、仕事を学ぶということは、人間を学ぶということです。

人間がどう考えるのかがわからないと仕事はできない。

それは例えば、**上司にぶつかっていくこと**で学べます。

私が20代後半のころ、上司にスクーバダイビングに誘われました。

ダイビングにはお金がかかります。正直なところ、そんなに潜りたいという気持ちもありませんでした。

しかし、誘いを断るのもどうかと思いました。

誘ってくれるなら、ぐっと距離を近づけよう。そう思った私は一念発起して、装備を揃え、出かけて行きました。

行ってよかったと思いました。

海に出て、潜ったり休憩をしたりしていると、スーツを着ていては見えないところが見えてくるからです。

海に入るといろいろなことがあります。うまく潜れなかったり、少しパニックになったり。

幸い、私自身は船酔いはしません。しかし、普段は怖い上司が船酔いして気分が悪くなって吐いたりしている。そういう姿を見ることで「そうか仕事の時は自分を作っているんだな」「ものすごく精神的に強いわけじゃないんだな」と、職場では見えない面が見えてくる。

だから仕事をできるようになりたければ、臆することなくどんどんいろいろなところへ出て行くこと。そして経験を積むことです。

38 電話・メールに即レスするだけで評価が上がる

相手を待たせない。これは基本です。

携帯に電話が入ったら、その時は移動中などでとれなくても、電話ができるようになったらすぐ折り返す。

メールは当然即レスです。

なぜこんな当たり前のことを言うか、今から理由を明かします。

私の会社では企業内の研修を請け負うことがあります。そこで、大手の企業との取引も生まれます。

交渉の場で、これまでに行った研修のＤＶＤがほしいと言われたら、翌日届けます。見積もりもできるだけ早く出して待たせない。それを身上としています。グダグダと引き延ばす理由はありません。

ある日、大手企業の担当者に「室舘さんのところは対応が早い」と言われました。「え？」と思いました。本当に「え？」と言いました。

大きな会社には、私の会社のように小さなところが「ワーッ」と殺到し、しのぎを削っていると思っていたからです。

ところが、そうした緊張感のある競争とはほど遠い現実を知り、拍子抜けしました。担当者に「そんな程度でいいんですか？」と聞きました。すると「いや、そんな程度がなかなかできないんです。だからすごいんですよ」と言われました。

クイックレスポンスという、当たり前のことができない人がすごく多い。

その結果、電話がつながらなかったり、折り返しや返事がなくて、イライラしている人が増える。

では基本にのっとって、相手を待たせないことを心がけたらどうなるか。

信頼を得られます。

きっと物事にすばやく対処できない人は、いろいろ考えているのでしょう。しかし、考えている暇があったら、どんどんやったほうがいい。

ほかの人がなかなかできない、フットワークの軽いスピーディな対応をやっていれば、必ず評価されます。

39 もう一つ、できると信頼される「当たり前」のこと

尊敬する先生に、ある漫画家の方を紹介してもらったことがあります。

以前からその方の描いたものは読んでいたこともあり、とても興味を持って会いに行きました。

すると、会って話を聞いてみると、その方は歌も歌っていて、ファンクラブまであるということでした。

その場では盛り上がって、いわばノリで「ああ、じゃあ入ります」という話になりました。そして私は会社に帰ってきて本当にすぐ動き、翌日にはファンクラブに加入し、会費も振り込んだのです。

すると「本当に入ってくれたんだね、早いね！」となるわけです。

それでコンサートへ行くようになり、仲介してくれた尊敬する先生が同席しない場で

も親しくできる、いい関係ができました。

そこで「あっ」と気づきます。

仲介してくれた先生に報告をします。「おかげさまでとてもいい付き合いができています」と。すると、とても喜んでくれる。

そして、**「あなたはそうやって報告してくれるからいいんだよね」**と言ってもらえるのです。これが、次のいろいろな縁につながっていくのです。

しかしその先生は、「○○さんは全然報告してくれない」ともおっしゃる。他の人は案外、報告というものができていない。

だから、やると言ったことをすばやくやる。それから、お世話になった人には報告をするという当たり前のことをする。その当たり前のことをしない人が多いから、たったそれだけでとても信頼をしてもらえ、大事にしてもらえるようになるのです。

40 悩み・迷いには、もう答えがある

忙しい時に心がけることがあります。物事を、急ぎであるか、どれくらい大事か、という目で見ることです。

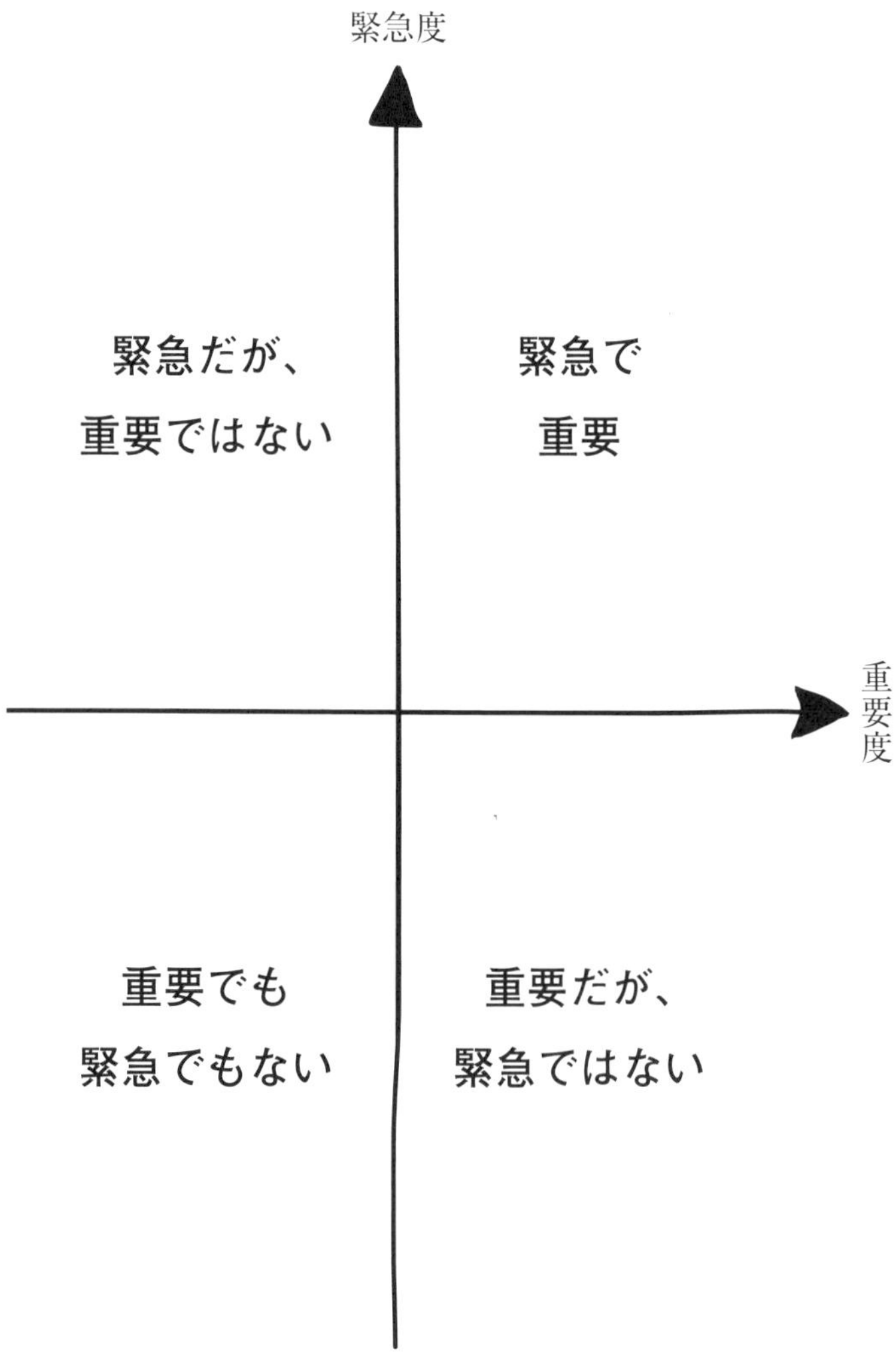
緊急度
緊急だが、
重要ではない
緊急で
重要
重要度
重要でも
緊急でもない
重要だが、
緊急ではない

一番にやるべきなのは、緊急であり、重要なことです。

両方を備えたものもあれば、緊急ではあるけれども重要ではないこともあります。

実は、「忙しい、忙しい」と言っている人に限って、そればかりを一生懸命やっています。「だって緊急だから」と。

重要なことなのかどうかが、わかっていない。

特にまだ仕事を始めたばかりの頃は、数ある仕事のうち、どれが重要で、どれが重要でないかは、自分ではわからないでしょう。

そのときはどうするか。

と、考えている暇があったら、上司に聞けばいい。

上司はそういったことを、すべて経験しています。だから教えてもらえばいい。

「どれが重要なんだろう」と考えることに時間を費やすのは愚の骨頂です。

あなたが過ごしてきた20年そこそこの半生は、本当に短いものです。

それと比べると、人類には果てしない歴史があります。

目の前の悩みや迷いは、あなたが初めてぶちあたっているのではありません。

必ず過去に、同じように誰かが悩んでいます。

だからその悩みに対する答えは、必ずどこかで誰かが出しています。すでに世の中にあるのです。

ならば、自分で考えて答えを導き出すなどというまどろっこしいことをせず、**すでにある答えを使えばいい**。

「他人の将棋はよく見える」と言います。

自分のことはわからないという意味です。

だから、自分の仕事の進め方でいいのかなと迷ったら、誰かに見てもらって指摘してもらえばいい。

見てもらうのは、仕事のできる上司・先輩に頼みましょう。

そしてどこが悪いか指摘してもらって、改善するためのコツを聞いて、無駄をなくしていけばいい。

そうやって教わっているうちに、自分で重要度も判断できるようになります。一人でああでもないこうでもないとやっているよりずっと早く、その段階に到達できます。

41 「トイレに行ってきます」と言ってみなさい

ホウレンソウという言葉があります。報告・連絡・相談です。ビジネスの基本ですから、知っている人も多いでしょう。

では、いったい何をホウレンソウすればいいか、わかりますか。

考えていても答えは出てきません。

新人にはわからなくて当たり前です。これも、上司に聞いてみればいい。

だからと言って「何をホウレンソウすればいいですか」などという質問をしていては、「面倒なやつだ」と思われます。

ではどうするか。

なんでもホウレンソウすればいいのです。**どんな些細なことでも、**です。

たとえばトイレに行きたくなったら、黙って席を立たないで「ちょっとトイレに行ってきます」と連絡する、あるいは「行ってもいいですか」と相談すればいい。

ある上司は「行ってこい」と言うかもしれない。

また別の上司は「そんなこといちいち言わなくていい」と言うかもしれない。

そうやって返事を得ることが大事です。

トライ・アンド・エラーです。

やらなくていいと言われたら、やめればいい。

なにをホウレンソウしたらいいかではありません。**どのようなことならホウレンソウ**

しなくていいのかです。それを、経験で学んでいくのです。

そういう確認をせず、勝手に「これはホウレンソウしなくていいだろう」と決めつけるのは間違っています。

新人に、ホウレンソウすべきこととそうでないことの判断なんてできるわけがないのですから。

まずは何でも上司に伺いをたてる。経験値を積む。そうすることで余計なものをどんどん削っていく。

これが、仕事ができるようになるということです。

また、ホウレンソウの基準は上司によっても違います。

上司が代わったら、「前の上司はこうだったから」という古い常識にとらわれず、またゼロからやり直します。

42 場数を踏めば、何でも上達する

天才なんていません。その反対に、才能がないという人もいない。

「私には才能がないから」と努力を避けている人は、それを言い訳にして、限りある人

生を終えることになるでしょう。

私は今、５００人くらいの前で講演をしても平気です。

しかし、19歳で勉強会に入ったばかりのころは、しゃべるのが本当に苦手でした。

もともと中学の頃から話が苦手で、人前で話をする才能がないのだと思っていました。

その思い込みもあり、50人くらいの人の前で「今日のプログラムはこんな感じです」「お静かにお願いします」という程度の、長さにしてせいぜい3分程度の話をするだけなのに、まったくできなかった。

それでも何度もやりました。当番が回ってくれば逃げられないからです。

変化があったのは7回目のときでした。

その時も緊張はしていましたが、「あ、言いたいことの6割は言えたな」と思えました。

そこで、学んだのです。

場数を踏んで、慣れるしかないということを。

人前でしゃべることと言えば、結婚式のスピーチも苦手でした。しかし、どんどん頼まれてやっていくうちに、今では笑いも取れるようになっています。

今、若手を率いていると、私のことを才能があるという言い方をする人がいますが、そうじゃない。

やって、恥をかいて、それでもやって、それでできるようになってきたのです。

43 心を伝えたいなら、手書きしなさい

私は毎月、セミナーに通ってくる若い人たちの前で講演をしています。

そして感想を書いてもらっています。

それを見るだけで、その人のことがたいていわかります。

筆圧と字。それを見たらわかるものです。下書きしてあるのもわかるし、時間をかけて書いているのもわかる。

ポイントは上手下手よりも、**丁寧に書いているかどうか**です。

本当に感動した、心が動いた人は、気持ちを込めて書きますから。

逆に走り書きのようなものからは、ぜんぜん心が伝わってこない。

それは文章を〝書いている〟のではなく、文章を〝こなしている〟からです。

文章を〝こなす〟のは、すごく優秀な大学を出ている人に多い。

書かれている文章は立派です。しかし、「これは思ってもいないことを書いているな」「嘘を書いているな」と、すぐにわかるのです。

心を込めて書いてください。

手書きだと、漢字がわからないこともあるでしょう。

だから手で書くときには、自分で辞書を引いたり、携帯で変換したりすることになります。こういうひと手間ひと手間をかけることで、教養が身につきます。

書くときには、紙にびっしり書いていいです。改行なんか必要ない。行間も空ける必要はない。

読みにくいかもしれません。しかし、その文章を書く目的は何なのかを考えてください。

さっと読んでほしいのか、気持ちを伝えたいのか。

隙間《すきま》なくびっしりと文字が並んでいたら、それを書くのにかけた気持ちを感じとってもらえるでしょう。

もちろん、決められたビジネス文書は、ワープロソフトを使って改行したりして、体裁を整える必要もあるでしょう。

しかし、心や気持ちを伝える文章は、それとはまったく異なるものです。

文章で気持ちを伝えたいのであれば、必ず手書き。そして余白なく、びっしりと書く。実践してください。

44 同僚と一緒に会社のために戦いなさい

私には、仲の良かった同僚が一人います。

何度か書きましたが、会社の経営が危機に陥り、電話代も払えず、当然給料も支給できなかった時期がありました。周囲は社長に対して文句を言っていましたが、彼とは「そんなこと言ってもしょうがないよな」と話していました。

「社長も大変だ。僕たちが、契約をとって、現金を持って帰ってきたら、電話代だって払えるし、給料も支給できるようになるのだから、がんばろう」という話を、しょっちゅうしていました。そうして、早く社長に楽をさせてあげようと。

22～23歳の頃です。

その時期は確かにきつかった。でも、1年前はどうだった、2年前はどうだったと振り返っていました。

その社長のおかげで、どれだけ夢を見せてもらったかという話をするようにしていました。意識的にそういうことをしないと、人間は、自分が誰かにしてあげたことは覚えていても、誰かにしてもらったことを忘れるものだからです。

そうやってみると、今は給料を出せない社長でも、**過去にどれだけのことをしてくれたか**がわかる。してもらったことに対して、「自分は借りを返せているのか」というと、全然そんなことはない。

なら、ここで社長に**恩返し**をしよう。

そういう話ができる同僚というのは貴重です。

彼とは今も仲良くしています。

ですから同僚という存在は、ただの友達よりも戦友に近い。

そのころのことでもう一つ印象に残っているのは、自分で金融から借りてでも続ける人たちが先輩にも、同期・後輩にもいたということです。

もうこれ以上やったら自己破産というところまで、自分で自分を追い込んで、でもその会社のために働くのです。

実際に自己破産してまで続けていた人もいました。それでも辞めなかった。

ボクシングにたとえると、もうリングにタオルが投げ込まれている状態です。もう駄目だということで。

でも泣きながら「続けさせてください！」と言う人間もいました。上司が「ダメだ、もう辞めろ」と言ってもです。

結構、きついシーンでした。

しかし、私もそうですが、誰も辞められなかった。辞めてどうするのだ、と思っていたのです。

私は青森に帰るということだけはしたくなかった。

それに、やはり成功者前提主義です。「将来、社長になったら、こういうことを普通に経験するようになるんだな」と覚悟をしていたら、実際に自分がその立場になった時は大したことはなかった。

例の同僚とは、こういうのに耐えられないなら、サラリーマンでやっていくしかないんだろうと話し合っていました。

勝利という同じ目標に向かい、前線で頑張る戦友の気持ちです。

勝ち抜くためなら、社長になるなら、これくらいのことは当たり前と受け止めていたわけです。

45 同僚とネガティブな空気を共有するな

同僚は戦友です。単に楽しい時間を共有するだけの関係ではない。

だから一緒に酒を飲む時も、誰かの悪口にならないように、ネガティブな話にはならないようにします。

酔った勢いだからとパーっと何かを言ってしまって、その場だけでその話が終わる。

それは学生時代までの話です。

社会に出ると、「おまえ、飲んだときこんなことを言ってただろう」と必ず後を引きます。

酒が入って気が緩《ゆる》むと、お互いにそれほどの悪気はなくても、普段は隠している妬《ねた》みや嫉妬が出てきます。これは危険です。

私も楽しく飲むようにはしていましたが、隙《すき》は見せないように気をつけていました。

どんなに自分が調子が良くて楽しかったとしても、「こいつ舞い上がっているな」「面白くないな」と思う人は必ずいるわけです。

自分がうまくいっていればいっているときほど注意して、そういう人達を必要以上に刺激しないことが大事です。

また、酒の席では誰かが何か言ったとしても、それはすぐに変わるかもしれない。鵜《う》呑《の》みにはできません。

また、自分から誰かの悪口を言わないというのはもちろんのこと、そういう話をしている人に近づかないことも大事です。いくら自分は黙っていたとしても同罪にされますから。

悪口を言わずに楽しく飲める人とだけ飲む。それくらいのことをやっていいと思います。

ところで、最近の20代はあまり酒を飲みません。

しかし、酒の場のああいう雰囲気は好きという人が結構いる。

人間ですから、交流するキッカケが欲しいのでしょう。

和気あいあいと遊んだり、飲んだり。

そういうことはどんどんやらないとダメです。

「飲みに行こう」と誰も言い出さないのなら、自分から積極的にまとめていって、前向きな意見交換をできるようになればいいと思います。

誘って断られても気にしないことです。

仕事を頼むのと同じです。断られたら、間が悪かったんだと思えばいいだけのこと。

それから、煙草の話です。

今、ほとんどの会社のワークスペースは禁煙で、煙草を吸う人のために喫煙所が設けられていると思います。

そこに来る人の目的は、もちろん煙草を吸うことです。副次的に、部署や世代を超えて和気あいあいとなることもある。あるけれど、愚痴《ぐち》を言い合うような空間になってしまうことも、なくはない。

私は煙草を吸いませんが、若い頃に一度缶コーヒーを持って、喫煙所に行ったことはあります。

しかし、雰囲気がよくなかった。

こうやってお互い愚痴を言い合う場に足を踏み入れてはダメだと思いました。そしてそれからは一切、そのエリアには近づかないようにしました。

そんなネガティブな場に巻き込まれるくらいなら、禁煙を考えたほうがいい。身体への悪影響よりも、そういう場に参加することによる、**心への悪影響**をよく考えるべきです。

第8章

血となり肉となる
ニュースの読み方

46 誰が得をして誰が損をするのかを考えなさい

世の中には情報が溢《あふ》れています。

しかし、有益な情報ばかりではない。

なんでもかんでも信用していると、それに引っ張り回されて終わりです。結局はつぶれてしまいます。

情報を収集するにあたって、ひとつ大事なことがあります。

私はいつも「致知」という雑誌を勧めます。

中身がいいと思うからです。

中身がいいというのは、書いている人がいいということです。

これは、何が書いてあるのか、と同じくらい大事なことだと私は思っています。

それを知らないで、ただ書かれていること・言われていることを真に受けているようでは、社会人として無能です。

誰が言っているのか、その人はどういう人なのかをよく見極めることです。それだけでも情報の信頼性は変わり、受け止め方も変わります。

雑誌だけではありません。新聞もそうですし、テレビもそうです。ネットにしても同じことが言えます。

テレビ局や新聞社、出版社によって、スタンスも違います。たとえば右寄りとか左寄りとか、そういうことにも差があります。

だから、同じ情報を得るにしても、それを発信しているのはどんな人なのかを把握しなければいけません。

何が書いてあるのかと同じくらい、誰が書いているのかに注意を払って情報に接することが大事です。

もうひとつ、情報に接するときに忘れてはならないことがあります。

情報に接する時の心構えです。思考の準備と言ってもいいでしょう。

何かニュースを見聞きした時に、「ふーん」と流したり、「あんなことするなんて馬鹿だ」と感想だけ言ったりして終わっているようではダメです。成長は見込めません。

人間がすることには、必ず理由があります。

そして、その結果は必ず人々に影響を与えます。

どこかで得をする人がいて、その裏側で損をしている人がいるに決まっているのです。

だから、政局でも事件でもなんでも、人間が物事を動かしたら、それによって誰が得をして誰が損をするのか、構造的に考える癖をつけてください。

意外と、これをしない人が多い。

何かあったときにボーっとしていたり、評論家のまねごとをしたりする暇はありません。自分の頭で、背景から影響まで考えるようにするのです。

誰も答えを教えてくれない物事について考えるのは、たやすいことではありません。しかし、頑張ってやって、習慣にしていくのです。すると、情報に対峙《たいじ》する姿勢が身に付き、とんでもないウソの情報を真に受けてしまうことはなくなります。

47 ニュースは紙で読みなさい

新聞を読む人が減っていると聞きます。

特に若い人たちは、テレビがあるから、ネットで見るからという理由で、新聞を購読しない。

しかし、ニュースは紙で読まないと意味がありません。

インターネットでもニュースはわかります。早いしタダです。しかし、あれは非常に効率が悪い。

なぜか。

それは、アクセントがわからないからです。

紙であれば、見ればすぐぱっとわかる。

何があったかだけではなく、**ニュースの価値**がすぐわかる。

当たり前のことなので、あまり気にしていないでしょう。

しかし、大きなニュースには、大きな見出しがついています。紙幅を大きく取って、長く記事を書いています。

こんなに便利で、ありがたいものはない。

ニュースのプロであるそれぞれの新聞社の責任者が「今これが大事ですよ」「このニュースが注目ですよ」ということを、教えてくれているわけです。

自分では何が大事なニュースかわからなくても、一面で大きな見出しがついて、長く書かれている記事から読んでいけばいい。

ネットではどうですか。

同じような大きさで見出しがただ並んでいて、サブタイトルもないものがほとんど。

メリハリがないので、興味のある記事だけ読んでわかった気がしているのではないですか。

社会人は、自分の興味のあるものだけを追いかけていてはダメです。いろいろな人と会って話をしていくのです。あらゆるものを知っていないと、会話が成立しません。

ですから、新聞に掲載される広告も、とても大事です。

新聞には、雑誌の広告が出ています。

雑誌は、新聞では扱わないような話題にも触れます。**広告に出ている見出し**を見ると、今どんなことが世の中で流行っているのかという情報が得られます。

コミュニケーションに必要な時事ネタや流行りものの情報だけでなく、世の中の雰囲気というものも伝わってきます。

新聞を読むと、新聞社が伝えたい以上の情報が入ってくる。

しかし、ネットの広告ではそうはいかない。テレビでも、そうです。

だからニュースは紙で読むのです。

48 人から直接聞いた情報は忘れない

紙でニュースを読んでも、時間がたつと、残念ながら忘れてしまい、それっきり思い出せないこともあります。

たとえば大阪で午後の6時から会合があったとします。私は普段東京で仕事をしていますから、午後、新幹線で東京を出て、6時から8時半の2時間半だけ大阪にいて、そのまま日帰りということをやります。

なぜそこまでしてやるか、わかりますか。

その会合に来る方々が大好きなのと、そこに行くと、情報があるからです。

東京から、その会のためだけに日帰りで、往復何万円もかけて行くというのは、目立ちます。声をかけてもらえます。そうすると、さらに情報が集まってきやすくなります。

遠いから、面倒だから、お金がかかるからと言って、人と会わないでいるのは、情報を捨てていることだと私は思います。

また、**顔を見ながら聞いた情報というのは、忘れることがありません。**

ただ文字を見ているよりも、インパクトがあるからです。

仮に忘れてしまったとしても、文字で読んだものよりも簡単に思い出せる。

それは、思い出すきっかけがたくさんあるからです。

「あのときは寒かったな」「珍しくあの人がいたな」

そういうことをきっかけに、忘れていた意外な話を思い出すものなのです。

文字から得た情報は、そういう思い出し方はできない。

だから、信頼できる人に会って、そこで顔を見て話を聞くのが一番だと私は考えています。

49 本当に貴重な情報は人から得るしかない

「ネットで調べれば何でもわかる」というようなことを言う人がいます。

大きな勘違いです。

もちろん、ある程度のことはわかるかもしれません。

しかし、そもそも検索は、知っている言葉でしかできません。

すでに知っていることの範疇《はんちゅう》から、遠く離れたところにある答えは得られないのです。

それに、本当に大事な情報、耳寄りな話、多くの人は知らないような貴重なネタといった価値のあるものが、たくさんの人がアクセスできるところにあるはずがない。

ジョハリの窓というものがあります。心理学にある考え方です。簡単に言うと、「自分とは４通りいるのだ」というものです。

田の字をイメージしてください。左の二つの四角が、自分の知っている自分。右の二つの四角は、自分の知らない自分。

今度は見方を変えて、上の二つの四角が、他人の知っている自分、下の二つの四角が、他人の知らない自分。

こうすると、左上は、みんなが知っている自分（開放された窓）、左下は自分だけが知っている自分（隠された窓）、右上は他人だけが知っている自分（盲点の窓）、それから右下の誰も知らない自分（未知の窓）となります。

自分というのはこの４通りに分類できるのです。

さて、情報を探すときのことを考えてみてください。

自分一人で、ネットで探そうとするのは、左側の窓を開けているだけです。見通しが悪いまま、ああでもないこうでもないと試行錯誤することにほかなりません。

ジョハリの窓

他人の知っている自分	みんなが 知っている自分 〈開放された窓〉	他人だけが 知っている自分 〈盲点の窓〉
他人の知らない自分	自分だけが 知っている自分 〈隠された窓〉	誰も知らない 自分 〈未知の窓〉
	自分の 知っている自分	自分の 知らない自分

非常に効率が悪い。

他人だけが知っている自分、盲点の窓というのが誰にでも必ずあるわけです。だから、そこも含めて情報を探さないとアンバランスになる。

盲点の窓はどうやったら開くのか。

ほかの人に教えてもらうことで開きます。

本当に貴重な情報は、人にあるのです。

だから、人に会うことが大事。聞くことが大事。

私の経験でもそうです。

ほかの人には教えたくないような大事な情報は、全て人から聞いたものです。書いてはもらえないことでも、しゃべってはもらえる。

だから、とにかく会う。そして話を聞く。

ネットでは決して得られない、〝そんなものがこの世にあるのか！〟と思わされるような情報は、人を相手にすることでしか得られません。

50 影響を受けたい人とだけ付き合いなさい

私は、あまり変な人とは付き合わないようにしてきました。

成功者前提主義で生きてきて、将来、自分は経営者になると思っていましたから、将来の自分に悪い影響を与えない人とだけ付き合ってきたのです。

そうではない人、成功者前提主義を理解できない人は、私にとっては悪い影響しか与えません。

誰にでも、気付いたら、親しい人の口癖がうつっていたという経験があると思います。

ある地方で育った人は、自然とその地方の言葉を話すようになるのも知っているでしょう。

言葉遣いは、周りにいる人から影響を受けるのです。

そしてこの言葉遣いは、ほんの一例です。影響を受けるのは、外からわかる部分だけではありません。中身も、必ず影響を受けます。

人間は、影響を受ける動物なのです。

私は、ここを慎重にやってきました。

今は経営者ですが、「影響なんか受けない」「きっと大丈夫だ」とは絶対思わないようにしています。

「自分は誰からも影響を受けない強い人間だ」などと思うのは、勘違いもいいところです。

ですから、友達、または恋人を選ぶときに大切なのは「**この人には影響を受けてもいいな**」と思えるかどうかです。

そういう人になりたいと、思えるか。

なりたいと思える人とだけ付き合って下さい。

ちなみに、影響の受けやすさには、性差があります。

特に女性は注意が必要です。

実は、男性は付き合う女性からはそれほど影響を受けません。しかし、女性は男性の影響をかなり受けます。それは、受け入れる性だからです。

また、恋人は別として、あまり一人の人に依存しすぎないことも大事です。

いろいろな人を見て、いろいろな人から学ぶようにするのです。

第9章

自分を成長させるお金の使い方

51 リアルにお金を手に入れなさい

お金を稼いだことがありますか。単にアルバイトをしたことがあるかということではありません。雇用主から給与をもらうのではなく、**顧客からお金を直接もらう**という意味です。

実際にモノやサービスと交換で、現金を手に入れた経験があるか、を聞いているのです。

私は、小学生の低学年の時に、それをやりました。

お小遣いはもらっていました。しかし、もっと欲しかった。

買いたい物があったからです。

では、どうやったらお金を得られるのか。そう考えて行動に出ました。

当時はまだ、1リットルのコーラやファンタが、瓶に入って売られていました。その空き瓶を拾って、買い取ってもらうのです。500ミリリットル瓶で10円、1リットル瓶で30円でした。

そこで〝お金を作る〟ということを学びました。

釣った魚も売りました。それまでは、イワナやヤマメは自分の家で食べていました。しかし、近所のお金持ちの家が池でイワナを飼っているという話を聞いて、友達と営業に行ったのです。

「買ってもらえないか」と交渉します。すると、小さいのは１００円、大きいのは３００円になりました。

これが私の原点です。

お金とはそうやって作るものだと身をもって学びました。

自分のアイデアと行動でお金を手にすることがないまま世の中に出ている人はとても多い。

そういう人はどうなるか。

「会社へ行って机に向かっていれば毎月これだけのお金になる」というようなことしか考えなくなります。

とても成功者前提主義とは相容れません。

その場でお金を作る。これを今からでもやってください。

今はバイト代も給料も、銀行振り込みが主流です。

ためしに一度、一ヵ月の給料を全額引き出してみてください。

「そうか。これが先月分の働きなんだ」と、目や手でしっかり確認するためです。

こうしないと、お金の持つリアルさは、絶対にわかりません。

預金通帳を眺めてみたところで無駄です。あれはただの数字の羅列です。

私は、家内に、生活費はできるだけ現金で手渡しするようにしています。

家内も子どもに「これはお父さんが稼いで来たお金だよ」と、毎回ではないけど見せている。

そういう実感を得ることが大事です。「そんな些細なことで考え方なんて変わるもんか」と思うなら、まずはやってください。

52 他人のお金に触りなさい

私の実家は、青森県むつ市にある兼業農家です。

父親はトラックに野菜や魚を積み、それを売っていました。帰宅はだいたい夕方6時ごろ。家に入ってくると、どさっと畳の上に分厚い革の財布を置く。それが、その日一日の売り上げです。

うちは3人兄弟でしたが、それを数えるのは私の役目でした。

小銭は種類ごとに積み上げ、バラバラになっている皺《しわ》くちゃの1000円札は、きれいにのばして10枚ずつ束ね、1万円札も向きをそろえる。

それで数えていく。

「今日は16万円、すごいね」「7万円。もっと頑張らないと」と毎日毎日やっていた。

こうやって子供のころからお金に触ってきました。しかも、触っていたのは自分が自由に使えるのではない、家のお金です。

この経験のおかげで、これまで、他人のお金に目がくらむことはありませんでした。

銀行員は、たくさんの他人のお金に触れることで感覚が麻痺し、着服しようといったことを考えなくなるといいます。それと同じです。

つまらない窃盗を起こすのは、他人のお金を見たり触ったりに慣れていない人です。

毎日、お金に触らない日はないと思います。

そこで、そのお金は誰のものなのかをきちんと考えます。

他人のお金に触れる機会を、積極的に増やしてほしいと思います。

サークルの会計係でも、飲み会の幹事でもいいのです。

経験を積むと、「お金なんてそんなものなのだ」「どんな手を使ってでも手に入れないとならないものではないんだ」ということが、実感としてわかってくると思います。

いくら頭でわかったつもりでいても、実際にやってみないと身につきません。

今、私の会社のお金は経理に任せっきりです。全然触らない。執着がないからです。

その執着のなさが「自分は金で動く人間ではない」という自信にもなっています。

53 とことん頑張ると急激に増える

経験で得た知恵はほかにもあります。

中学生になってから、新聞配達を始めました。

小遣いは両親から月に2000円もらっていましたが、もっと使いたいから、自分で稼ごうと決めたのです。

朝5時半に起きて18軒配って6時45分に戻ってくる。それで8000円です。

やっているうちにだんだん配る家が多くなってきて、最後の頃は100軒配って2万4000円になっていました。

ずっと欲しかったステレオを買いました。ソニーの〝リバティ〟という機種で、12万円でした。高校を卒業するころには、貯金が60万円くらいになっていました。

貯まるスピードは、どんどん上がっていきます。

任される仕事、つまり配る軒数が増えたからです。それで収入も上がりました。

このほかにもいいことがありました。皆勤賞で、朝日新聞社から表彰されました。大阪本社へ行って、甲子園を見物して、二条城へも行きました。

これは続けていたからです。今日くらいいいだろうとだらけて休んでいたら、これはなかった。一日の違いでこれです。**「一つのことを続けるのはすごいことだ」**と実感しました。

とことんまで頑張ると、あるところで、得るものは急激に増えるのです。

本当のトップと二番手以降とでは、目には見えない大きな違いがある。たとえその差がわずかであっても。

この経験が、その後の私に影響しています。

上京し、転職して、販売手数料の何割かが収入になるという、完全歩合制（フルコミッション）の仕事を選んだのもそのせいです。

時給制のバイトをかけもちすれば、すぐ20万円、30万円と、稼げるのはわかっていました。

しかし、そこそこのところで安定した収入を得られる環境では、ものすごく儲けることはできません。

それよりも私は、やったらやっただけお金を取れるほうを選びました。

54 コンビニはお金持ちが行くところ

高校時代は新聞配達のがんばりもあって、割とリッチなほうでした。

しかし、上京して転職し、あっという間に収入は激減します。

そうなって最初にしたことは、引っ越しです。

それまでは、見た目にもモダンな家賃5万8000円のアパートに住んでいました。

しかし、半年も経たないうちに出ました。破綻がすぐそこまで来ていることがわかったからです。

荻窪の駅前にあった、福寿荘という家賃1万7000円の部屋に移りました。

これまで生きてきた中で一番安い家賃です。四畳半・風呂なし・トイレ共同。隣とはベニヤ板一枚で仕切られていました。

当時の営業所は荻窪にあったので、交通費はゼロになりました。風呂に入る代わりに、洗面器にためたお湯を使って体を拭いていました。

収入が減ったら、生活のレベルを下げるのは当たり前のことです。

そのころ「お金がない人の家にビデオデッキがあるのはおかしい」と、よく言われました。「売ればいいじゃん」と。

これも当然のことです。

コンビニで買い物をしたり、弁当を買ったりというのは、お金のない人がすることではありません。

本当にお金がないなら、実家から食材を送ってもらうなり、ディスカウントショップで安いものを探すなりして、自炊するはずです。

その程度のこともせずに、快適な部屋に住んで便利に食事をして、お金がない、貯金ができないというのは、ただの甘えです。

お金がないなら家賃の安い家に住む。安い食材を買って自分で料理する。娯楽にはお金を使わない。

「生活が苦しい」「貧乏」と言っている人のうち、どれだけの人がこれをしているかと思います。酒もタバコもやめる。貧乏をボヤきながらタバコを吸っている人がいますが、とんでもない。まずタバコをやめなさい。

自分だけが貧乏で大変で不幸だなどというのは思い込みです。下には下があります。

場合によっては、生活のレベルを落とすことも必要なのです。

55 クリーニングにはお金を使いなさい

ただ、何でもかんでもお金をケチればいいというものではありません。使わなければならないポイントもあります。

こだわっている趣味にはお金をかけていいと解釈する人もいます。それは誤解です。「これだけは譲れない」などと言って、家賃の高い部屋に住んだり、カジュアルな服にお金をかけたりする人もいます。私から見ると何を考えているのかさっぱりわかりません。

そういう身の程知らずの生活をしながら、上司の前で「今は仕事一筋です」などと言っても、完全に見透かされます。

私が必死で働いている時期にも、周りには、同棲したり、デートをして楽しんだりしている人もいました。

しかし、私はその20代前半のころは、「彼女を作るくらいなら仕事」と考えていました。

前にも書いたとおり、成功者前提主義だからです。

今、努力をしておけば、そういったものはそのうち簡単に手に入るとわかっていたのです。

では当時、私が何にお金をかけていたか。

それは、服のクリーニングです。

スーツはもちろん、毎日着るシャツも、自宅で洗濯せずに、必ずクリーニングに出していました。

アイロンが苦手というのも理由です。

しかしそれ以上に大きな理由があります。

それは、シャツもスーツも、仕事の道具であるという事実です。

私は営業の仕事をしていました。毎日パリッとしている必要がありました。

食費を切り詰め、娯楽にお金を使わなくても、仕事には影響しません。

しかし、見た目は大きく仕事を左右します。

その当時は、スーツやシャツ以外の服は買いませんでした。

カジュアルな服では仕事に行けないからです。

若いうちはそれでいいのです。

仕事を最優先で考える。何よりも仕事のためにお金を使う。

財布を開くときは常に「ここは使うべきポイントなのか」を意識してください。

56 自分の器を大きくするためにお金を使いなさい

ダイヤモンドはダイヤモンドでしか磨かれません。

それと同じように、人は人でしか磨かれません。

だから、人間力・人間学を身につけようと思ったら、交際費をケチるというのはありえません。

本を買うのもそうです。セミナーに参加するのもそう。後々の自分を作るために、お金をどんどん使ってください。

貯金のことなどは後で考えればいい。若いうちに自分に投資をしておけば、後で必ずリターンがあります。

お金の使い方には3通りしかありません。

それは、消費と浪費、それから、投資です。

20代に消費をしていいのか。浪費をしていいのか。

いいわけがありません。

30代、40代の夢を見るならば、20代は投資に使わなくてはならないでしょう。

ここで言う投資とは、株や投資信託などのことではありません。自己投資のことです。

では自己投資とは何か。

自分を磨くということです。

たとえ話をしましょう。流行《はや》る店というのがあります。飲食店がわかりやすいでしょう。

なぜその店が流行り、どんどん大きくなっていくか考えてください。

答えはシンプルです。みんながそこでお金を使うから、店は大きくなるのです。

だから、自分にお金を使えば自分が大きくなる。

お金を使って、自分の器を大きくするんです。

あれもほしい、こうしたい。いろいろ人間には欲望があります。

その欲望が、水で言うと10リットルだったとします。

しかし、自分の器が1リットルしかなかったら、どうなりますか。

1リットル分しか入りません。あとは溢《あふ》れてしまう。

こぼれないようにするにはどうするか。自分の器を大きくするしかありません。

だから器を大きくするため、自分を磨くため、交際費にはお金を使わないとダメなのです。

毎日関心を払うのは日経平均株価ではありません。自分の器がどれだけ大きくなっているかです。そこに集中してください。

57 稼ぐことではなく、使うことでお金は生きる

お金の話を嫌がる人がいます。お金にこだわるのはいやしいと考える人もいます。

しかし、私はそういう考え方こそが、いやしいと思います。

お金を特別視しているからです。

お金とは、特別なものではありません。

こう考えてみてください。

「ＢＭＷに乗りたい」と思ったとします。

そのためには何が必要でしょうか。

たいていはＢＭＷを買うためのお金という答えになるでしょう。しかし、それ以外に

も必要なものはたくさんあります。

例えば、運転免許証。それから、車庫証明。買うときには保証人も必要でしょう。どれが欠けても「ＢＭＷに乗りたい」という希望は叶いません。

こう考えると、**お金というものは、数ある道具・手段のうちの、ほんの一つでしかないことがわかります。**

お金は道具なのです。

そのお金がたくさんあるということは、道具にパワーがあるということ。

つまりいろんなことができるという意味です。

お金を、ほかの道具と分けて考え、崇拝する必要はありません。

お金は道具。だから、使わないと意味がない。

ただ持っているだけでは、持っていないのと同じです。

お金を稼ぐことが目的になってしまっている人も多いようです。しかし、稼いだだけでは意味がありません。お金は使うためのもの。使うために稼ぐのです。

58 思い切った買い物は、自分を成長させる

27歳の時に、フェラーリを買いました。

セミナーに来る会員に、「例えばフェラーリが買いたいと思ったら、買えるんだよ。何なら買ってみせようか、そんなの余裕だよ」と勢いづいて言ってしまったのが、そもそものきっかけです。

もちろん、発言は撤回できます。

しかし、その夜、家に帰る途中に、ふと「これ、実際に買ってみたらいいんじゃないか」とポーンと頭の中に浮かびました。

買ったらおもしろいことになるな、と。

いったんそうなると、歩いているうちに、買ったほうがいいという理由が10も20も浮かんできます。

それで、実際に買うことにしました。

迷いもありました。

「周りが何と言うだろうか」「たぶん親には怒られるだろう」「ぶつけたらどうしよう」

「盗まれるんじゃないか」「ねたまれることもあるだろう」

でも、強行突破です。勢いで買いました。

そうやって買ったフェラーリに、プライベートで乗ったのは、ほんの20回くらいです。私は、セミナーに来る会員の人をどんどん乗せました。約１７００人が乗りました。

私が何をしたかったか、わかりますか。

「一流を知る」ということを教えたかったのです。フェラーリは、情操教育のための道具だったのです。

しかし、思いもよらぬところで、自分自身も、考え方が変わりました。

そのころちょうど、青森で同窓会がありました。地元の友達に車を見せたいと思い、東京から乗って帰りました。

同窓会の会場まで乗って行くつもりでしたが、直前になってやめました。普段通りの格好で、タクシーで行きました。

「お前、変わってないな」と言われ、楽しく過ごせました。

後になって、「実はあいつはフェラーリで帰ってきていた、それを見せびらかさなかった」という話が広まりました。

そこで私は、自分の人間性が少し高まったと感じました。

フェラーリは１４００万円しました。高い買い物です。

しかし、そのおかげで様々なことを学びました。

チマチマ使っていては得られないものを手に入れたのです。お金は、メリハリを持って使うことが大事です。

第10章

30歳から遊ぶために、
いま努力をしろ

59 恋人がほしいなら、100人に声をかけなさい

世の中にはモテると言われる人がいます。

モテる人とモテない人、何が違うかわかりますか。

見た目も性格も、違いがあるかもしれません。しかし、一番違うのはそんなものではありません。**踏んでいる場数が違う**のです。

プレイボーイが、街でナンパをし、声をかけたらすぐに彼女をものにできるような人ばかりだと思っていませんか。それは大間違いです。

そういう人たちこそ、何回も何回も振られているのです。

あなたは何度振られましたか。振られる機会を作りましたか。

打席に立たなければバットは振れません。バットを振らなければヒットは出ません。

打席に立たずに「ダメだ」とうなだれるようでは、諦めがあまりにも早すぎます。

ホームランなど出るはずもない。

だから、「よし今年は絶対に恋人を作ろう」と決意すれば、あとは行動あるのみです。

なんとなく「恋人がほしいな」などと思っているようでは、まったくダメです。

その程度の気持ちでは恋人はできません。ろくに声もかけず、告白もせずでは、結果は火を見るより明らかです。

「絶対に」と決めたなら、100人に声をかけてみればいい。

100人に声をかけて、100人を口説くのです。

「出会いがない」「縁がない」などというのは言い訳です。絶対に欲しいのなら、自分で機会を作るのです。

実際にやってみればわかります。声をかけた100人全員から嫌われる人はいません。

最低でも10人くらいからは「友達からなら」など、悪くない返事を必ずもらえます。

これは間違いありません。

そこから広げていけばいいのです。

その程度のこともしなければ、恋人ができないのは当たり前のことです。

「自分以外の人は努力をせずに望むものを手に入れている」という誤った考え方は、今すぐ捨ててください。

これは、恋人作りに限った話ではありません。

何事についても、パパッと「無理」と早く結論を出してはいませんか。若い人にそれが多いような気がします。ネットで検索をすることに慣れているせいなのかもしれません。

しかし、それは間違っています。**イメージしたことは叶《かな》うのです。ただ、それなりの努力が必要なだけです。ダメになるときは、自分でダメだと思っているからそうなるのです。**

私の好きな言葉に、「思考は物体である」というものがあります。「人生は絶対に思った通りになる」という意味です。

野球でもそうです。

ピッチャーが「内角に投げたらダメだ、打たれてしまう」と思えば思うほど、内角に行ってしまう。そして打たれる。

こういうときは、「絶対に外角に投げる、それで振らせる！」と思わないとダメ。「こうなりたくない」と回避するのではなく、「こうなりたい！」と考えて、それを実現するための努力をするのです。

60 小さな夢を手帳に書いて、ひとつずつ叶《かな》える

あなたには夢がありますか。夢を持つことはとても大切です。

たとえばあなたの夢が「総理大臣になる」ことだとします。

では、そのために今、何ができるか、何をしたらいいか。順を追って考えてみてください。

総理大臣になるには、まずは閣僚に推薦されるような人間になる必要があります。閣僚になるためには、国政へ出る。国政へ出るには、通常は、地方議会を経験することになる。まず都道府県で力をつけるわけです。さらに遡《さかのぼ》るとその前には、区議会、市議会という登竜門がある。

こういう近いところから始める。積み重ねる。すると、その先、50歳、60歳になって、最初に掲げていた夢である「総理大臣」に手が届くチャンスがあるのです。

総理大臣になるためには、まず身近な区議とか市議、そこから始める必要があるという結論になります。

では、区議や市議になるにはどうするか。

調べてみると、若い人も入れる勉強会のようなものはいくらでもあります。身近な目標、小さな夢から取り組んでいけばいいのです。

私は、小さな夢を手帳にたくさん書いています。

そのひとつひとつを見るたびに、「叶うんだ、叶うんだ」と自分に言い聞かせています。２００９年の手帳には、19個書きました。

ひとつひとつの夢は、本当に小さいものです。

例えば、居合道で初段を取るとか、家内の小遣いを増やすとか、新しい時計を買うとか。

こういった小さなものを、ひとつひとつ叶える。

この〝叶える〟という経験を実感することが大事です。

実感を積み重ねていけば、〝イメージしたことは全部達成できる〟と、自分を信頼できます。

ですから、若い人たちには、小さなところから、勝ち癖をつけてほしい。自分は夢を叶えられる人間だという自信をつけてほしい。

同じことを達成するにしても、普通にやっていたら意味がないのです。

まず書き出す。そしてそれを叶えたということを確認する。その作業が大事です。

小さな夢そのものは、何でもいいんです。

私も20代のころは「女の子をナンパしてみたい」とか「1LDKに住んでみたい」とかそういうことを書いていました。それが、年をとるごとに、内容が「この国をよくしたい」とか「教育問題を考えたい」となってきます。

最終的には世の中に直接関わる人間になるのです。個人の欲求程度の小さな夢くらい、早く叶えておかないとなりません。

61 大きく変わったとき、はじめて他人は気づく

逆に言うと、「市会議員になりたい」と思っているのなら、最終的な目標を「総理大臣になる」にしたほうがいい。

「モテたい」のが本心なら「芸能人と付き合う」くらいの夢を持つのです。「家が欲しい」なら「ビルを5つ持つ」でいいでしょう。

遠くに大きな目標がきちんとあるほうが、身近な夢も叶います。

逆にささやかな、小さな夢しか持っていないとどうなるか。

「まあこれは叶っても叶わなくてもそれほど差がないから、どうでもいいか」とつい妥

協をしてしまう。

身に覚えがあるのではないでしょうか。

私自身も、「ちょっとだけ変わればいいや」と思っていたら、まったく変われていなかったと思います。

小さく、少しだけ変わろうと思っても、人間は変われないものなのです。だから、最終的な目標は大きいほうがいい。

変わるなら革命的に、「どうしちゃったんだろう」と周りが心配するくらいに変わろうとしてください。

自分で「相当変わったな」と思ったところで、ようやく気づくのが他人というものです。

外見も同じです。

「どうしたの」と言われるくらいに変わるのです。

「カッコいいね」「ステキだね」の前には必ず「なんか変わったね」という段階があります。

特に男性の場合は注意してください。単に身なりを整えようというレベルで留まっていてはダメ。

そこはさっと飛び越えて、異性に好かれるような身なりとは何かを考える。

そうすると、まずは清潔感ということになるでしょう。髪を切ったり、前髪を上げて顔を全部出したり。

メガネをずっとかけてきた人はコンタクトに変える。与えるインパクトを変えるのです。

服も変えてください。例えば、したことのない色のネクタイをしてみる。

とにかく変わってみることです。

62 いいと思う他人の行動は、真似しなさい

若かったある日の話です。

スクーバダイビングのインストラクターの先生が運転する車で有料道路を気持ちよくドライブしていました。当時私は、上司に誘われたのがきっかけで、スクーバダイビングにはまっていたのです。

そのインストラクターの先生は、見た目もカッコよく、話も上手で、魅力的な人でした。

伊豆だったと思います。まだETCなどありませんから、料金所では、係の人にお金を渡し、領収証をもらう必要があります。するとそこで、先生は挨拶をしているのです。

短いものです。明るく、「おはようございます」とか「どうも」とか。

私はそれまで、もう二度と会わないだろうという人に、そこまでフレンドリーに接したことはありませんでした。料金所では、常に無言でした。

しかし、明るく挨拶するのとまったくしないのでは、相手も自分も気分が全く違います。したほうがいいに、決まっているのです。

それをさらりとやってのけるその先生の行動は、私にはカッコよく思えました。

そして、次からは自分もそうするようにしました。

後輩が一緒のときは、私がそうしているのを見て、真似してくれたらいいなと思いました。

みなさんも、**いいと感じたことはすぐに真似をしたらいい**と思います。

うわべだけではダメです。しかし、外見から入ってもいい場合があるのです。

別のたとえをしましょう。

学校の先生の話を、つまらないと感じたことがあるはずです。

なぜつまらないのか。

あれは、先生の見た目が地味で、退屈そうだからです。

そういう姿を見ても、話を聞こうという気持ちになれない。だからつまらなく感じる。

もし先生がイケメンでおしゃれなスーツを着ていたらどうでしょう。美人でトレンディドラマに出てきそうだったらどうでしょう。きっと話を聞くでしょう。

形が周囲からの評価を変え、中身を作るのです。

それに、そうやって挨拶したり身なりを整えたりというのは、自分も気持ちいいはずです。

「着眼大局・着手小局」という言葉があります。

志はとても大きいのだけれど、実際にやっていくのは身近な小さなことから、という意味です。

できることをしっかりやっていると、自分がいつの間にかパワーアップして、その自分にふさわしいものが用意される。

そうイメージするといいでしょう。

別の言い方をすると、ボールと穴の関係です。

小さなボールは、小さな穴にボコッと入る。しかし、ボールが成長して大きくなったら、もう入らなくなる。

また別の場所に転がっていく。次の新しい穴には入る。さらにボールが大きくなると、次の穴を探して転がる。その繰り返し。

自分のパワーがどんどん出るようになってくると、それにふさわしいステージが待っているということです。

だから、見た目から入ることも、私は勧めたいと思います。

63 一流品を持つと、どんないいことが起きるか

フェラーリを買った話を書きました。

あれも自分を変えるいいきっかけになりました。

実際のところ、自分には他人に誇れるものが何もないので、形から入った側面はあります。しかし、**形あるものを持つことで、自分の〝見られ方〟が変わる**のです。

批判も称賛もありました。どちらにしても、とても目立つからです。

平凡でいては、そういった感情の対象になりません。

そして、目立っている人間がどんなことを発言するかは、ものすごく注目される。

つまり影響力が上がるのです。

騙《だま》されたと思ってやってみてください。形から入るというのは、たいへん有効な方法です。

高額なものだけを身に着け続けろということではありません。

一度でいいのです。身に着けるもの、持つもので、周りからの評価が変わるという経験をしておいて損はありません。

フェラーリは、起業する前に売ってしまいました。今は持っていません。

しかし、物が周りの見方を変えるということを実感しました。また、日本に1500人しかいないと言われているフェラーリのオーナーだったという事実は、少し自信になっています。

この意味でもまた、フェラーリは私を変えました。

それまでの私であれば、フェラーリだけでなく、高級車を見たら「悪いこととして稼いだんじゃないか」「ああいう車に乗るような人間はろくな人間ではない」と斜めから見ていたと思います。しかし、自分自身の経験から、そういう人ばかりではないと知りました。

だから今は、どんな高級外車を見ても、「ああ、いいよね」と素直に思えるのです。

また、フェラーリを買う時についでに調べたら、無人島は意外と安く買えることがわかりました。

こうやって、新しい知識を得たのも、フェラーリのおかげです。

64 自分からカードを取りに行く人は少ない

現状維持というのは後退だと私は思っています。

どんどん新しいこと、次のこと、大きなことに挑戦しないとダメです。

私個人でいえば、社長になったから終わりではありません。

日本経済新聞社が主催する「世界経営者会議」というものがあります。

世界的な企業の経営者がスピーチをしたりパネルディスカッションしたりする場です。

私はこういった機会には積極的に、聴衆として参加します。

聞いた話が役に立つこともあるでしょう。しかし、私の本当の目的はそれではありません。

質疑応答の時間に、壇上にいるGMのリチャード・ワゴナーとか、アメリカの財務長官になったヘンリー・ポールソンとか、世界的に知られた人物に質問をするのです。

何か役に立つ回答を得たいわけではありません。気に入られたいのでもありません。世界の大物に質問をすることそのものが目的です。

根本には、自分は金なしコネなし学歴なしの人間だから、箔《はく》をつけたいという思いがあります。若い人にも、「日々成長しろ、昨日より今日、今日より明日」と言っている立場もあります。

大学を出た人のうちのどれくらいが、実際にポールソンに向き合って時間を割かせてきたか。

そこにチャンスがあるにもかかわらず、みすみす逃している人が大半です。

自分からカードを取りに行き、変わる努力を続けている人はとても少ない。そしてそれを周囲にはっきりと見せられる人はもっと少ない。

私はこれについてはミエミエ級でやっています。何も恥ずかしいことはありません。自分に何にもない人間は、そうやっていかないとなりません。

65 目標を決め、それに向かって努力する

私のセミナーに来る人には、A・B・Cと、3タイプの人がいます。

Aタイプの人は、自分が成功することはもちろん、「国のために」「日本のために」という、自分以外に向かう気持ちがある。

タイガー・ウッズやマイケル・ジョーダンと同様に、目標としているのは「**自分がなりえる最高の姿**」です。

Bタイプの人は、そこまではいきません。せいぜい「将来、都内に一戸建てを持ちたい」「もしできれば別荘も」など、いわゆる小金持ちを目指すのがBタイプ。

そしてCタイプは、「コミュニケーションがうまくなりたい」「それで今はいない恋人を作りたい」、こういった類です。

Cが悪いとは言いません。CにはCの努力が必要です。

しかしここまで書いてきたように、私はAでやってきました。そして、若い人にもそうやっていってもらいたい。

ただ、「何が何でもAなんだ！　可能性は無限大だ！」と言うだけではもちろんダメ

です。

たいてい、「ではその無限大の可能性のために、例えば先週、具体的に何をやっていたか」と聞くと、「平日は会社でそのうち二日は夜飲みに行って、土日は寝てました」などと答えるのです。

話になりません。C以下です。目標すら見失っている。

実は社会人になると、目標を失ってしまう人がとても多い。

その理由は、私の分析ではこうです。

内定なり入社なりが目標で就職活動をしたのでしょう。そして、その先のことをまったく考えていなかったのでしょう。

これはまずいと思いませんか。

目標設定というのは大事です。

では何を目標にしたらいいのか。先程の例で言えば、総理大臣なのか市議なのかという話です。それぞれに、どう道筋をつけて、できることからやっていくかということです。

66 周りが遊んでいる間に頑張れば圧倒的な差がつく

ごく一部を除き、大学生はみな遊んでいます。私から見るとそうです。

大学生が勉強を頑張っている話はめったに聞かない。

基本的に、1年生よりも2年生のほうが頭が悪いし、3、4年、どんどんダメになっていく。

心あたりのある人も多いと思います。

高卒で、大学生が遊んでいるときに必死で働かざるを得なかった私は、それをチャンスだと思いました。

みんなが遊んでいるときに必死で働く境遇にいるということを、です。

そこで頑張れば、差がつきますから。

後になってからでは取り返しのつかない、圧倒的な、追いつけないようなものすごい差が。

高卒と大卒の生涯賃金がかなり違うのも、知っていました。

今の雇用状況では一概に言えませんが、当時は、高卒の私たちで1億5000万円くらいで、大卒の人で2億円から3億円と言われていました。

これは大きな差です。

ですから、若いときにすべての苦労をしておこうと決めました。

そして、ほかの人間がつらそうなときに、自分はとても楽だという状態を目指そうと思ったのです。

できると思っていました。

それこそが成功者前提主義です。

いつか自分は成功者になる。そのための修業の期間が、そこにあったと言っていいでしょう。苦労は早めに、短期間で済ませるイメージです。

若いときに力をつけておくと楽です。体力もあるので、基礎固めは短期間でできます。

これはきわめて効率的です。

67 30歳まで遊ぶ人と、30歳から遊ぶ人

人間には、30歳まで遊ぶ人と、30歳から遊ぶ人がいます。

30歳まで遊ぶ人とは、こういう感じです。

大学を出て、新入社員のときから25～26歳まで遊ぶ。20代後半から30歳で、ダラダラしながらお金を貯める。30前後で結婚して、子供ができて自由に使えるお金が少なくなっていくイメージ。

わかりますか。

結果的には**遊べるのは20代の一時期だけ**です。

私は、そもそもなれないということもありましたが、そうなりたいとは思いませんでした。

30歳になったら、好きなことをなんでもバーンとやろう、それが自分の人生だと決めていました。

そう考え始めたのは18歳のころです。当時勤めていたスーパーには、いい人はたくさんいました。

しかし、目標になるような、あこがれの対象になるような人はいませんでした。

だから、転職したのです。

当時は、遊んでいる同世代の人を見て、うらやましいと思うこともありました。

しかし、成功者前提主義になって、考えが変わりました。

「俺は高卒が定めなんだ。この人生でいいんだ。その代わり30歳になったらすごい人生になる。だから大学生には今のうちに遊ばせておけ」と思うようになりました。

それからは、カップルも大学生も、ぜんぜんうらやましくありません。

むしろ、見ていると楽しくなってきた。「ああ、今のうちだよ」と。「10年後もそうやっていられればいいね」と。

彼らの遊べる時間がそう続かないように、こっちの苦労の時間も永遠に続くわけではない。

今のうちにどんどん遊んでおけよ、こっちはどんどん差をつけておくからなと、そういう気持ちです。

そうでもしないと、やっていられなかったのも事実です。

しかし、このころは、成功者になるまでとにかく頑張るという気持ちでした。

68 書け、そして自分に突っ込め

最後にとっておきの話をします。

どれだけ成功者前提主義で生きていても、気分が滅入ったり、心が折れそうになったりすることはあります。

そのときは、気持ちをノートに書き出します。

書いてそれを眺めます。

私も、追い詰められたときに書きました。20歳前後のころのノートが今も手元にあります。お金がなくてなくて、本当に困っていたころです。当時は、適当にバイトをすれば、楽に暮らせる時代でした。

しかしそこから逃げないために、私は自分を追い込んでいたのです。


休みたい？　どんな休みや！

あそびたい？　何やんの？

金ほしい？　その器は！

家に住みたい？　金は？

外車乗りたい？　あほぬかせ。

ファッションしたい？　はー?マッサージのこと?

ステーキくいたい？　くえるかアホ！

ブランド品ほしい？　かせいでからや！

そして、最後に、

ＴＯＰに立て、そうすれば全てかなう！

説得力あると思いませんか。自分を励ましているのです。
もうひとつ紹介しましょう。

自信がない時はこれを読め
おれは　頭が切れる！
おれは　説得力がある！
おれは　グレートだ！
どこの誰よりも努力できる！
おれは必ず勝てる！
おれはハンパ者はいやだ！
おれは　きわめる！

№1しかない！　№2はクズだ。
最後に勝つのはこのおれだ！！！！

これこそが、成功者前提主義の考え方なのです。

＜著者紹介＞
室舘 勲（むろだて・いさお）
株式会社キャリアコンサルティング代表取締役社長
1971年青森県に生まれる。高校卒業後、スーパーマーケットに就職。社長になることを夢見て１年後に退社。転職先でトップ営業マンまで上り詰めるも、会社の経営が悪化し約１年半のあいだ給与０円で働く。ビジネス教材の販売に事業が転換すると、会社の業績も好転し始め、トップマネージャーになる。世界・日本・社会のことを学べば学ぶほど、「何をやるか」も大切だが、それ以上に「誰がやるか」が大切だと気付き、2000年から「人間力」に溢れる若者教育を日本中に広める準備を本格的に始め、2003年株式会社キャリアコンサルティングを設立。教育事業「ＢＥＳＴ」には1000名を超える20代の社会人・学生が学びに、また毎月の講演には400名以上が集まる。2007年にはブータン王国の王立マネジメント大学（Royal Institute of Management）で講演。

講談社 BIZ
まずは上司《じょうし》を勝《か》たせなさい　20代《だい》で上昇気流《じょうしょうきりゅう》に乗《の》れる本《ほん》

2009年４月６日　第１刷発行
2023年２月20日　第15刷発行

著　者　室舘《むろだて》 勲《いさお》

発行者　鈴木章一

発行所　株式会社講談社
〒112-8001　東京都文京区音羽2-12-21
電話　出版　03-5395-3522
販売　03-5395-4415
業務　03-5395-3615

KODANSHA

印刷所　株式会社新藤慶昌堂

製本所　牧製本印刷株式会社

本文データ制作　講談社デジタル製作

ISBN978-4-06-282109-4
N.D.C.335　198p　19㎝